U0049830

史碧娃克

Gayatri C. Spivak

曹 莉／著

出版緣起

　　二十世紀尤其是戰後，是西方思想界豐富多變的時期，標誌人類文明的進化發展，其對於我們應該具有相當程度的啓蒙作用；抓住當代西方思想的演變脈絡以及核心內容，應該是昂揚我們當代意識的重要工作。孟樊兄和浙江杭州大學楊大春副教授基於這樣的一種體認，決定企劃一套「當代大師系列」。

　　從八〇年代以來，台灣知識界相當努力地引介「近代」和「現代」的思想家，對於知識分子和一般民眾起了相當程度的啓蒙作用。

　　這套「當代大師系列」的企劃以及落實

出版，承繼了先前知識界的努力基礎，希望
能藉這一系列的入門性介紹書，再掀起知識
啓蒙的熱潮。

孟樊兄與楊大春副教授在一股知識熱忱
的驅動下，花了不少時間，熱忱謹慎地挑選
當代思想家，排列了出版的先後順序，並且
很快獲得揚智文化事業公司葉忠賢先生的支
持；因而能夠順利出版此系列叢書。

本系列叢書的作者網羅有兩岸學者專家
以及海內外華人，爲華人學界的合作樹立了
典範。

此一系列書的企劃編輯原則如下：

1. 每書字數大約在七、八萬字左右，對
   每位思想家的思想進行有系統、分章
   節的評介。字數的限定主要是因爲這
   套書是介紹性質的書，而且爲了讓讀
   者能方便攜帶閱讀，提昇我們社會的
   閱讀氣氛水準。

2. 這套書名爲「當代大師系列」，其中

所謂「大師」是指開創一代學派或具
有承先啓後歷史意涵的思想家，以及
思想理論具有相當獨特性且自成一格
者。對於這些思想家的理論思想介
紹，除了要符合其內在邏輯機制之
外，更要透過我們的文字語言，化解
語言和思考模式的隔閡，爲我們的意
識結構注入新的因素。

3. 這套書之所以限定在「當代」重要的
思想家，主要是從八〇年代以來，台
灣知識界已對近現代的思想家，如韋
伯、尼采和馬克思等先後都有專書討
論。而在限定「當代」範疇的同時，
我們基本上是先挑台灣未做過的或做
的不是很完整的思想家，做爲我們優
先撰稿出版的對象。

另外，本系列書的企劃編輯群，除了包
括上述的孟樊先生、楊大春副教授外，尚包
括筆者本人、陳學明教授和龍協濤教授等五

位先生。其中孟樊先生向來對文化學術有相當熱忱的關懷，並且具有非常豐富的文化出版經驗以及學術功力，著有《台灣文學輕批評》（揚智文化公司出版）、《當代台灣新詩理論》（揚智文化公司出版）、《大法官會議研究》等著作；楊大春副教授是浙江杭州大學哲學博士，目前任教於杭大，專長西方當代哲學，著有《解構理論》（揚智文化公司出版）、《德希達》（生智文化事業出版）、《後結構主義》（揚智文化公司出版）等書；筆者本人目前任教於政大東亞所，著有《馬克思社會衝突論》、《晚期馬克思主義》（揚智文化公司出版）、《中國大陸學》（揚智文化公司出版）、《中共研究方法論》（揚智文化公司出版）等書；陳學明是復旦大學哲學系教授、中國國外馬克思主義研究會副會長，著有《現代資本主義的命運》、《哈伯馬斯「晚期資本主義論」述評》、《性革命》（揚智文化公司出版）、《新左派》（揚智文化公司出版）等

書；龍協濤教授現任北大學報編審及主任，
並任北大中文系教授，專長比較文學及接受
美學理論。

　　這套書的問世最重要的還是因爲獲得生
智文化事業公司總經理葉忠賢先生的支持，
我們非常感謝他對思想啓蒙工作所作出的貢
獻。還望社會各界惠予批評指正。

　　　　　　　　李英明　序於台北

序言

　　在當代美國思想文化論壇的大師行列之中，佳亞特麗·查克拉瓦蒂·史碧娃克（Gayatri Chakravorty Spivak）的身分和位置頗有幾分特殊。首先，她是一位女性，一位有著第三世界背景，而却長期生活和工作在第一世界的女性知識分子。其次，她的學術思想和理論建樹很難用某種單一的名稱或標籤來予以描述和界定。縱觀史碧娃克體系龐雜、變化多端的理論著述，幾乎無一不是同時交織著數種思想理論和批評話語的互相指涉和互相影響，其中又以解構主義、女權主義、馬克思主義和後殖民主義批評爲其最爲關注和論述最多的理論研究領域。

　　一段時間以來，史碧娃克極富批判性以
及挑戰性地針對上述一系列西方宏大話語
（grandrecits）進行反覆闡述和討論，在美
國學術界和思想界越來越引人注目，她本人
也成為一位獨樹一幟、極有見地的文化理論
批評家。然而，迄今為止，尚無一部系統研
究和全面介紹史碧娃克及其理論思想的專著
問世。1996年由美國Routledge出版社出版，
多拉・蘭德里（Donna Landry）和傑拉德・
麥克林（Gerald Maclean）兩位美國教授
合編的《史碧娃克讀本》（*The Spivak
Reader*）算是第一部對史碧娃克著述進行
初步歸納和評介的著作。但是，該讀本主要
是一部由史碧娃克本人撰寫的論文集，只是
冠以兩位教授合寫的一篇引言，並在每篇論
文之前加了一小段類似題解的文字。在中
國，對西方學術理論界和文化研究界的一流
大師，特別是男性大師們的介紹自八〇年代
末開始可謂趨之若鶩，文如潮湧，而對史碧
娃克這樣有影響的女性批評理論家卻棄之一

隅，少有問津，偶爾有幾篇論述解構主義和
女權主義的論文也只是將她一筆帶過，未作
深究。1996年筆者在美國做富布萊特（Ful-
bright）訪問研究期間，應孟樊和王寧先生
之約參加「當代大師系列」的編寫，分配給
我的任務就是寫一部介紹史碧娃克及其理論
思想的專著。由於筆者本人的學術背景主要
是英語語言文學，而史碧娃克著述所涉及的
幾大領域卻遠遠超過了語言文學研究本身，
若沒有相當的哲學、社會學、語言學和文化
政治批評的理論功底與學術基礎，以及一份
從她那紛繁複雜的著述中整理出一條清晰脈
胳的足夠耐心，是很難駕馭和深悉她那些錯
綜複雜又缺少一貫性的多元話語的。於是很
長一段時間內我一直猶豫不決，雖然早就開
始研讀她的著作，卻遲遲沒有動筆。是「當
代大師系列」編寫委員會的誠意和孟樊、王
寧等諸位先生的不斷鼓勵和一再敦促，使我
最後終於鼓起了勇氣，開始更加系統和廣泛
地閱讀一些相關的理論著作，進而嘗試著在

這本小書裡對史碧娃克的理論思想和學說論著作一粗淺的整理和評價，權且是拋磚引玉，希望在不遠的將來，有更詳細、更深刻的史碧娃克專著問世。

在本書的寫作過程中，曾得到史碧娃克本人，以及王寧教授、鄭敏教授、顏海平教授、盛寧教授、張在新博士和劉康教授等導師及良友的指點和幫助；我的母親和胞弟、先生和女兒也給了我莫大的支持，所有這些使這本小書成爲可能。特此致謝。

曹莉

於京郊清華園

目　錄

出版緣起／*1*

序言／*7*

第一章
生平與著作／*1*

一、史碧娃克其人及其理論背景／*2*

二、主要學術成就及其影響／*9*

第二章
與解構主義的不解之緣／*27*

一、解構理論的始釋者：

翻譯《論書寫學》／*28*

二、對解構主義的策略性運用及其批判／*61*

第三章

獨樹一幟的女權主義批評家／81

一、「策略上的本質論」／84

二、馬克思主義女權主義批評家／107

三、對「國際女權主義」的質疑／113

第四章

後殖民批評家／129

一、「賤民能否發言？」／132

二、後殖民理論與文學批評／145

三、「後殖民狀況」與批評主體／160

結語：

史碧娃克的多元立場

及其批評風格／181

參考書目／189

第一章
生平與著作

一、史碧娃克其人及其理論背景

　　佳亞特麗・查克拉瓦蒂・史碧娃克於1942年2月24日生於印度一個中產階級家庭，父母親都是信奉印度教的知識分子。史碧娃克的童年與印度一般中產階級家庭的子女別無兩樣，只是她沒有像一般中產階級家庭的子女那樣進入貴族式的修道院受教育，而是進了一所教學質量較高的教會學校。她的啓蒙老師大多是土著部落的基督徒，即所謂印度的賤民(Indian subalterns)，這些人在西方傳教士的影響下皈依基督教，成爲基督徒，他們是游離在印度等級社會外圍的邊緣人或次等人。在日後談到她兒時所受的影響時，史碧娃克總是特別提到她學生時代的這段經歷。在一次訪談中，她說：「每當我想到我的中學時代，我就對我的父母充滿了感激之情，

感謝他們將我送進這樣一所學校，而不是一
所更時髦的『西式』學校，或一所不那麼時
髦的『土著』學校。」❶ 在這樣一所學校
裡，作為一個印度中產階級家庭的孩子，拜
社會地位比自己低得多的土著民為師，這段
經歷可以說是為史碧娃克日後的後殖民主義
文化批評及賤民研究作了最早的鋪路。很顯
然，這些土著民皈依了基督教，才取得了充
當上等人家孩子之師的資格，他們一方面突
破了階級、種族和宗教的多重侷限，打破了
殖民者白人壟斷基督教的霸權主義格局，為
自己在社會上爭得了一席之地；另一方面，
為擺脫等級制社會對他們的壓迫和蔑視，他
們又不得不去認同西方殖民者的價值觀和宗
教觀。在這些人身上交織著東西方、殖民和
被殖民兩種文化的融合和碰撞，從他們那裡
所接受的啟蒙教育無疑會對史碧娃克思想意
識和世界觀的形成產生深刻的影響。

　　少女時代給史碧娃克留下深刻印象並在
日後對她繼續產生影響的另一件事是，二次

大戰期間，英軍為了讓參加太平洋戰爭的士
兵吃飽肚子，人為地在印度本土製造飢荒，
於是「印度人民劇協」(The Indian People's
Theater Association，簡稱IPTA)應運而
生，該協會組織街頭劇院，以演戲為名抗議
英帝國主義的霸行。生長在這一人為飢荒巨
大陰影中的史碧娃克，耳濡目染了「人民劇
協」異常活躍的反殖民飢荒鬥爭。由於英國
殖民主義統治當局曾明確宣布文學藝術是一
種獨立的社會存在，「人民劇協」便堂而皇
之地在這一殖民主義意識形態的保護傘下，
以戲劇藝術為武器，將街頭戲劇舞台演變成
政治鬥爭的陣地，並以此使他們的反抗思想
透過家喻戶曉的劇目深入人心，史碧娃克後
來坦承這種藝術與政治的絕妙結合，為她若
干年後在美國教學機器的內部一邊從事教
學，一邊積極投入文化政治批評發揮了最初
的啟迪作用。❷

　　這兩件事對她日後產生深遠影響──儘
管她當時並未完全覺察，然而無疑是巨大

的，它們已經在她的思想中烙下了深刻的印
記，她的理論思想及批判意識的形成都可以
在這兩段經歷中找著其源頭。

　　中學畢業後，史碧娃克進入印度加爾各
答大學的統轄學院(Presidency College)。在
大學裡對她思想影響最深的是知識分子的左
翼。統轄學院與她早先就讀的敎會學校一
樣，具有很強的學術威望，卻無等級界限。
她的同學中有勞動人民的子女，也有鄉村資
產階級和城市中上層階級的子弟，而且該學
院歷來政治氣氛活躍。在這樣的環境裡完成
大學學業，各種激進的思潮對未來的集馬克
思主義、解構主義、女權主義、後殖民理論
爲一身的女批評家的潛移默化的影響是不言
自明的。1959年，史碧娃克成爲英文系的優秀
畢業生，並獲文學學士學位，且同時獲得英
國文學及孟加拉文學金質獎章。1961年她從
一位慈善金融家那裡借得一筆資金，後赴美
國康乃爾大學，成爲英文系的一名研究生。
1962年由於經濟的原因轉入比較文學系。

1963年史碧娃克獲康乃爾大學的獎學金（她
是當時有史以來在康乃爾大學唯一獲得此項
殊榮的非美學生），後赴英國劍橋大學的戈
登學院(Girton College)研修一年。1967年，
她在日後大名鼎鼎的耶魯解構學派的核心人
物保羅・德・曼(Paul de Man)的指導下，以
一篇題為〈巨輪：葉慈詩歌中抒情之聲的幾
個發展階段〉(The Great Wheel: Stages in
the Development of Yeats' Lyric Speaker)
的博士論文獲康乃爾大學文學博士學位。

　　在大學裡任教是史碧娃克迄今為止所從
事的唯一職業，她的教學生涯始於1965年她
撰寫博士論文期間。她先是得到在愛荷華大
學擔任助教的職位，1970年晉升為副教授，後
任該校比較文學系教授及系主任（1975
—1978）。之後，史碧娃克又曾先後在奧斯汀
大學（1978—1984）、埃瑪利大學（1984
—1986）、匹茲堡大學（1986—1991）擔任
教授，1991年轉至紐約哥倫比亞大學英文系
及比較文學系，任教授至今。

　　史碧娃克不但是知名教授，而且還是十分活躍的學術演說家和訪問學者，從八〇年代初開始，邀請她講學和演講的學校和團體絡繹不絕，她曾先後在下列學校擔任過客座教授和訪問學者：布朗大學（1974年秋）、沙烏地阿拉伯的雷亞德大學（1980年春）、加州大學聖塔‧克魯絲分校（1982年春）、西北大學（1982年夏）、伊利諾大學（1983年夏）、新德里尼赫魯大學（1987年春）、史丹福大學（1988年春）、加拿大不列顛哥倫比亞大學（1988年夏）、達特茅斯學院（1993年夏）等。除此之外，史碧娃克還經常到世界各地作短期講學，所到之地包括英國、美國、澳大利亞、加拿大、印度、比利時、芬蘭、法國、德國、香港、義大利、新加坡、南非、瑞典、台灣、前南斯拉夫、史特拉斯堡等。講學內容深奧龐雜，尤以用佛洛依德、拉岡、馬克思、德希達、傅柯等人的思想和理論進行女權主義、解構主義、精神分析學、馬克思主義和後殖民主義的批判為最甚。史

碧娃克還是一個獨具魄力的演講家，她的演講具有很強的暴發力和煽動性，加上思想激進，言辭激烈，往往在贏得滿堂喝彩的同時，亦招來各種詰問甚至非議。

總之，史碧娃克是一位極富個人特色、身在西方的東方學者，在這一點上，她與她在哥倫比亞大學的同事，另一位美國當代文化政治批評的巨匠愛德華‧薩伊德(Edward W. Said)頗有幾分相似。

史碧娃克的理論背景主要是解構主義和馬克思主義。作為德希達(Jacques Derrida)的《論書寫學》(_De la grammatologie_)的翻譯者，她對解構理論可謂深得其要領，解構主義反對一切中心結構和二元對立的核心思想，自始至終地貫穿在她所有的理論批評著述之中。對馬克思主義哲學和政治經濟學的研究使她深悉馬克思主義價值論的精髓，特別是馬克思的剩餘價值學說和資本主義危機理論，為她的女權主義和後殖民研究提供了不可多得的批判觀點，婦女的第二性地位、

第三世界在資本主義全球化趨勢下的狀況和處境、帝國主義危機控制新方式等等，都被她逐一放到馬克思主義價值論的顯微鏡下予以審視和分析。另外，傅柯(Michel Foucault)的「權力——知識」理論、葛蘭西(Antonio Gramsci)的「賤民」概念、阿圖塞(Louis Althusser)和馬庫雷(Pierre Macherey)的「症狀閱讀」策略等也都成為她文化研究和理論批評的參照。概括起來說，史碧娃克的批評理論融解構主義、馬克思主義、女權主義、後殖民主義為一體，它們互相交織、相輔相佐，共同構成史碧娃克紛繁複雜、龐大艱深的理論體系。

二、主要學術成就及其影響

1996年由英國劍橋大學出版社出版的《劍橋美國文學史》(*The Cambridge His-*

tory of American Literature)稱史碧娃克是
美國文化界與愛德華、薩伊德齊名的最重要
的後殖民批評家和跨文化知識分子。❸ 史碧
娃克自稱是女權主義、馬克思主義解構主義
者,也是後殖民知識分子。❹ 她的學術著述
亦圍繞這幾大方面展開。

　　史碧娃克的第一本書是她1974年正式出
版的修改後的博士論文《我自己我須重新鑄
造: W・B・葉慈的一生及詩歌》(*Myself
Must I Remake: The Life and Poetry of
W. B. Yeats*),她稱這篇博士論文為「六○
年代的衝動」。❺ 而在她的早期學術生涯中
最有影響的學術成就當推1976年由她翻譯並
在美國出版的法國解構主義哲學家雅克・德
希達的《論書寫學》英文版。她不僅將全書
譯成英文,而且還撰寫了長達79頁的譯者
序。在序中她將德希達與黑格爾(G. W. F.
Hegel)、尼采(F. W. Nietzsche)、胡塞爾
(Edmund Husserl)、佛洛依德(Edmund
Freud)、海德格(Martin Heidegger)以及與

德希達同時代的拉岡(Jacques Lacan)和傅
柯等相提並論，對解構主義理論進行了全面
的首創性的闡釋。該序言作爲闡釋德希達解
構理論的導論性著作與英譯本一起成爲向英
語世界介紹德希達及其解構理論的權威性論
著，在西方哲學及文化理論史上產生了劃時
代的影響。解構理論「耶魯批評學派」代表
人物，1989年當選的原「美國現代語言協
會」(Modern Language Association，簡稱
MLA)主席希利斯・米勒(J. Hillis Miller)曾
做過這樣的評論：「佳亞特麗・史碧娃克
《論書寫學》的權威性譯本對於英語國家的
人文學科是一個具有重大意義的事件。當代
批評和哲學發展史上的一本主要著作終於以
英文的形式問世了。」❻

　　除了翻譯出版《論書寫學》外，史碧娃
克還於1994年翻譯出版了印度當代女作家瑪
哈斯薇塔・戴維(Mahasweta Devi)的短篇小
說集《想像地圖》(*Imaginary Maps*)，從而
在後殖民的語境下將第三世界的「少數者話

語」推向西方。並以其第三世界文本的異質
性揭示出西方宏大話語的侷限，爲西方大學
裡傳統的經典文學教學和批評注入了新的內
容。

　　史碧娃克的大部分論著均散見於歐美各
主要學術期刊和批評文集，她曾先後將其中
部分文章匯集成書，交付出版。其中具有代
表性的有：《在其他世界裡：文化政治論文
集》(_In Other Worlds: Essays in Cultural
Politics,_ 1987，以下簡稱《在其他世界
裡》)、《後殖民批評家：訪談、策略、對話》
(_The Post-Colonial Critic: Interviews,
Strategies, Dialogues,_ 1990，以下簡稱《後
殖民批評家》) 、《在教學機器內外》(_Out-
side in the Teaching Machine,_ 1993，以下
簡稱《教學機器》)、《史碧娃克讀本》(_The
Spivak Reader,_ 1996，以下簡稱《讀本》)以
及將由哈佛大學出版社出版的長篇理論專著
《不時髦的書寫學：重溫殖民話語》(_An
Unfashionable Grammatology: Colonial_

Discourse Revisited)。

　　《在其他世界裡》是史碧娃克的第一部
論文集。文集由三部分組成，勾畫出史碧娃
克自七〇年代出道以來的思想軌跡及其在各
階段的批評實踐。第一部分「文學」(Litera-
ture)匯集了她用解構主義，及女權主義的批
評策略解讀西方經典作品，包括但丁、柯勒
律治、華茲華斯、吳爾芙和馬克思的五篇論
文，開啓了將政治倫理運用到文學研究中去
的新思路。第二部分「走向世界」(Into the
World)，重點討論馬克思的唯物主義價值理
論、闡釋的政治、法國女權主義的作爲及其
侷限，以及「第一世界」意識形態與知識生
產的關係。第三部分，「走進第三世界」
(Entering the Third World)集中討論第三
世界（印度）的文學文本，探索賤民文化研
究的策略和意義。這部文集的主要特徵是集
解構主義、女權主義和馬克思主義之大成，
運用幾乎所有時興的西方「宏大話語」，如
西方馬克思主義、女權主義、心理分析學、

解構主義、後殖民主義、權力知識理論等，
對現存的政治、文化和知識結構，進行嚴肅
和尖銳的剖析與批判，並在剖析和批判的過
程中經由這些所謂的「宏大話語」之間的互
相指涉、互相質疑，揭示出它們之間的重重
霧障及其潛在的理論危機。史碧娃克比較慣
用和擅長的批評手法是，從矛盾和異質性
(heterogeneity)出發，進而向矛盾與異質性
發展。作爲長期在「第一世界」──美國執
教的具有第三世界背景的知識分子，尤其是
作爲一個女性知識分子的史碧娃克念念不忘
的就是凸顯異質性──非第一世界的、非白
人的、非男性的特質，從而打破歐洲中心主
義、男權中心主義的神話，因此有人將她的
理論稱爲「『干預性』解構批評（〝inter-
ventionist〞deconstructive criticism）」。❼

　　《後殖民批評家》實際上是一部史碧娃
克的訪談錄。該訪談錄收集了史碧娃克1984
年至1988年間，先後在澳大利亞、加拿大、印
度、美國和英國發表和在電台上播出的十二

篇訪談錄，裡面囊括了史碧娃克理論思想中，衝擊最強的關於文化政治理論方面的論述，其中主要的議題有：再現(representation)，包括自我再現(self-representation)和再現他者(representing others)、解構的政治化(the politicization of deconstruction)、後殖民主義及多元文化政治(post-colonialism and the politics of multiculturalism)、後殖民批評家的處境(the situations of post-colonial critics)、言語行為及其批評理論(speech act and critical theory)、教育責任(pedagogical responsibility)、政治策略(political strategies)以及其他當代文化政治批評領域中許多重要的議題。❽與《在其他世界裡》的某些同樣話題但卻深奧難懂的文章相比，該訪談錄深入淺出，現身說法，讀來較為輕鬆。

　　《教學機器》是一部內在結構比較嚴密的論文集。作為大學教授，史碧娃克一直關注著全球範圍內高等教育的現狀及其發展趨

勢，她尤其關注發達國家大學教育的方向及
其策略與規劃，大到辦學思想，小到課程設
置及其文本的具體處理。《敎學機器》集中
體現了她的這種關注。另外，該論文集還集
中討論了在敎學機器中與所謂主流文化相對
抗的邊緣人和邊緣學科等文化邊緣化問題。
在此，史碧娃克再次以解構主義爲理論武
器，對包括解構主義在內的一系列西方宏大
話語進行了深刻的解剖，與此同時，她利用
後殖民主義批判的論壇，對所謂西方男性理
論(Western male theories)一方面進行發人
深省的批判，另一方面進行策略性的運用，
表現出不同尋常的思想鋒芒和理論洞見。

　　《史碧娃克讀本》是迄今爲止唯一一部
略帶解釋性的史碧娃克文集，對史碧娃克的
理論體系作了全方位的介紹。該讀本收集了
自史碧娃克向英語世界介紹德希達以來一系
列關於知識權力和文化政治等方面的理論文
章，內容涉及後殖民研究、文學批評、婦女
研究、文化批評、哲學和社會學等衆多思想

文化領域。雖然讀本中的某些文章曾在《在
其他世界裡》和《教學機器》中出現過,但
其中不少文章是首次與讀者見面。該讀本按
論題可分為三個部分。第一部分由前五篇文
章組成,內容圍繞解構主義在女權主義、馬
克思主義和文化批評實踐中的批判性運用。
第二部分由中間四篇文章組成,是對上述論
題的進一步展開,重點討論在不同的歷史及
政治背景下有關文本闡釋的政治和多元文化
問題,第三部分由最後二篇文章組成,一篇
是她為《想像地圖》作的譯者序和後記,另
一篇則是她與《讀本》的編者的一個訪談
錄,二者均著重討論賤民研究(Subaltern
Studies)中的問題和策略。該讀本有較詳盡
的編者導論,每篇文章前都冠有編者按。此
外,書後還附有史碧娃克著作一覽表,從中
可以窺見史碧娃克理論思想的發展過程及其
他理論著述中所特有的反覆性和連續性。她
對佛洛依德、馬克思、德希達、傅柯等人的
解讀、再解讀,闡釋和再闡釋,給當今文化

政治批評論壇帶來了一股強勁的春風，她把
這些理論大師的那些她稱之為「權宜」
(expedient)的論斷逐一放到本土的和全球的
語境下進行考察，揭示其功效和侷限，她的
特有的審視角度和批判鋒芒對這些西方「宏
大話語」無疑具有極強的挑戰性和顛覆性。

　　史碧娃克在美國乃至全球的哲學思想
界、文化理論界、文學批評界、高等教育界
的影響是不容忽視的。她雖是文學批評家出
身，但卻對哲學、倫理學、政治經濟學和社
會學表現出濃厚的興趣和獨到的見解，她在
上述諸多領域裡的造詣和功底，強烈地豐富
了她的理論建樹，同時也是造成她的理論體
系錯綜複雜、艱深難懂並引起多種爭議的主
要原因。對於史碧娃克的艱深，史碧娃克早
先在美國匹茲堡大學的同事，柯林・麥卡伯
(Colin MacCabe)教授在為《在其他世界
裡》寫的序言中曾進行過分析，❾ 現結合筆
者本人的感受歸納如下：第一，眾多常見的
理論術語及其陌生詞義的運用，如：死結

(aporia)、協調、對話(negotiation)、銘寫
(inscription)、異質性(heterogeneity)、詞語
誤用(catachresis)以及陰蒂閹割(clitor-
idectomy)與認知暴力(epistemic vio-
lence)、棄却(unlearn)等等不一而足；第二，
很多她關心和研究的問題都是目前文化政治
批評界既熱門又尚未有定論的問題；第三，
在她對一系列問題的論述中，雖然運用了大
量現成的理論話語，但她對這些話語的切入
和指涉，新穎大膽乃至令人出奇不意，特別
易使初讀者產生雲山霧罩的感覺，而且，她
在幾乎所有的論述中都突破了單一理論和學
科的界限，同時穿梭在哲學、人類學、歷史
學、社會學和文學批評的幾大方陣之間，可
謂縱橫捭闔，經緯交錯。

　　儘管史碧娃克經常埋首於理論著述，但
她並不囿於理論上的探討，她堅持認為文化
批評可以並且應該是一種政治行為，因此，
她公開宣稱她的批評理論旨在干涉、聲討和
顛覆現存的知識權力體系。由於她一向熱衷

於研究馬克思的辯證唯物主義哲學思想，馬克思《關於費爾巴哈的提綱》第十一條「哲學家們只是用不同的方式解釋世界，而問題在於改變世界」對她啓發頗深，她堅持哲學的任務不僅是要認識世界，而且還要致力於改造世界。同時她還受德希達解構哲學的影響，不贊成理論與實踐的對立。在她看來，理論裡也包含著實踐，因此她贊成義大利共產黨創始人葛蘭西關於在實踐基礎上建構理論的主張，提倡理論和實踐的統一，爲此，她在教學和研究中始終爲少數者的話語及其利益大聲疾呼，並積極投入東西方的婦女解放運動，表現出鮮明的政治傾向性和社會責任感。

　　作爲當今美國最主要的具有第三世界背景的後殖民學者之一，史碧娃克始終關注著第三世界的狀況及其發展，將批判的鋒芒直指冷戰結束之後的世界新格局中以美國爲首的第一世界對第三世界政治上的干涉、經濟上的扼制和文化上的侵略。同時，她堅持對

批評者自身的思想侷限、政治立場和社會責
任（文化的、種族的、階級的、性別的）保
持高度的自覺和反省。

　　1996年出版的《劍橋美國文學史》對史
碧娃克的學說理論及其影響作了如下的評
價：

　　　史碧娃克對學術批評及其理論所做出
　　的傑出貢獻在於她能自覺地將一系列批評
　　話語，不同的「主體地位」、民族語言、
　　不同的文學、文化結合在一起，讓它們互
　　相質疑、互相闡釋。與此同時，正如薩拉·
　　哈拉西姆(Sarah Harasym，《後殖民批評
　　家》的編者——筆者注)所描述的那樣，對
　　自己高度商業化的，就業於美國的所謂第
　　三世界馬克思主義——女權主義——解構
　　主義批評家地位的自覺，使史碧娃克得以
　　開創一種獨特的批評和實踐的話語，並用
　　以去探尋自己的職業、政治身分以及物質
　　處境之間的聯繫和矛盾。與之相適應的

是，她的理論與工作促成了性屬和種族理
論之間、解構理論與馬克思主義之間、法
國及英美與印度的批評框架和文化語境之
間，以及在美國後殖民批評學術界內部、
機構與意識形態方位之間的交流和碰撞，
並為這種交流和碰撞起到了示範作用。❿

　　史碧娃克的影響除了透過她的講學、著
作和演講向美國和全球播散外，她的名字還
出現在諸如：《簡明牛津英語字典》
(*The Compact Oxford English Diction-
ary*)、《牛津英文字典》(*The Oxford Engary
lish Dictionary*)、《瑪麗安姆──韋伯斯特
大學字典》(*Merriam-Webster College Dic-
tionary*)、《霍布金斯文學理論與批評指南》
(*Johns Hopkins Guide to Literary Theory
& Criticism*)、《路特萊基哲學百科全書》
(*Routledge Encyclopedia of Philosophy*)等
權威性學術辭典中。這些學術辭典以其特有
的方式確立了史碧娃克在全球的理論學術地

位，顯示了她在當今學術理論界所產生的不可低估的影響。

注釋

❶ Gayatri Spivak, "In a Word: Interview," *Outside in the Teaching Machine* (New York: Routledge, 1993), p.11.

❷ 參見 Gayatri Spivak, "Interview," *The Spivak Reader*, eds. Donna Landry and Gerald Maclean (New York: Routledge, 1996), pp.16-17.

❸ Evan Carton and Gerald Graff, "Criticism Since 1940," *The Cambridge History of American Literature*, vol. 8, ed. Sacavan Bercovitch (New York: Cambridge University Press, 1996), pp.469-470.

❹ Spivak, *The Spivak Reader*, p.46; Spivak, *The Post-Colonial Critic: Interviews, Strategies, Dialogues*, ed. Sarah Harasym (New York and London: Routledge, 1990), p.8.

❺ Spivak, *The Spivak Reader*, p.2.

❻ Jacques Derrida, *Of Grammatology*, trans.

Gayatri Spivak (Baltimore: Johns Hopkins University Press, 1976)，封底。

❼Virginis Blain et al. eds., *The Feminist Companion to Literature in English* (New Haven and London: Yale University Press, 1990), p. 1016.

❽參見Spivak, *The Post-Colonial Critic*, Editor's Note, p.vii.

❾參見 "Forward" by Colin MacCabe to Gayatri Spivak, *In Other Worlds: Essays in Critical Politics* (New York: Methuen, 1987), p. xx.

❿同註❸。

第二章
與解構主義的
不解之緣

縱觀史碧娃克的理論建樹，解構主義是其全部思想的理論基石，在她的馬克思主義、女權主義和後殖民主義批評話語中，解構主義始終是她觀察和批判的一個獨特視角。德希達在他對西方的形而上學傳統進行質疑和批判的同時，清醒地挑明甚至包括他自己的解構理論在內，都不可避免地受到他自己哲學思想中最激進的觀點的質疑和挑戰，正是這種高度自覺的自我質疑和自我挑戰的意識和精神，使史碧娃克感受到一種極大的感召力，並構成她批評風格的重要組成部分。

一、解構理論的始釋者：翻譯《論書寫學》

1967年，德希達的《論書寫學》、《言說與現象》(*Speech and Phenomena*)、《書寫與差異》(*Writing and Difference*)三部著

作同時發表，隆重推出了他的解構主義哲學
理論，他自己也一躍成爲法國哲學界一顆引
人注目的新星。德希達解構理論的核心思想
就是徹底解構從柏拉圖(Plato)到盧梭(Jean-
Jacques Rousseau)，從笛卡爾(Rene Des-
cartes)到胡塞爾到李維史陀(Levi-Strauss)
的整個西方形而上學的傳統，即所謂「邏各
斯中心主義」(logocentrism)的傳統。這一思
想使史碧娃克感到極大的興趣和共鳴，因而
決定將《論書寫學》譯成英文，從那時起史
碧娃克便與解構主義結下了不解之緣。對決
定翻譯《論書寫學》的那段經歷她曾做過這
樣的描述：

　　　那是在1967年，我買到了雅克·德希達
　　的《論書寫學》，那時我還不認識德希
　　達。那本書強烈地吸引了我，這位阿爾及
　　利亞裔作者和我一樣，似乎不是一個道道
　　地地的西方人。他從一個局內的局外人的
　　角度生動地批判了（而不是譴責）西方形

而上學。我的這種間接的介入至今仍體現
在我與解構理論的關係當中。我當時想就
這本書寫點東西，但又覺得有些冒險，我
向出版社提出翻譯這本書的可能性。1971
年我見到了德希達。1973年卡佛基金會
(Carver Foundation)。提供了一筆小小的
贊助，於是我動身去法國與他討論我擬爲
譯本寫的導論。❶

　　由史碧娃克翻譯的《論書寫學》於1976
年在美國出版，透過這個譯本和卷首的一篇
譯者序（導論），史碧娃克向英語世界隆重
介紹了德希達解構主義的基本理論，在翻譯
和導論的寫作過程中，她先後得到了「耶魯
學派」解構主義兩個重要人物保羅・德・曼
和希利斯・米勒以及德希達本人的教誨和指
點。

I.「解構」的基本思想

　　在洋洋灑灑幾十頁的譯序中，史碧娃克

對德希達在《論書寫學》中所闡述的解構的
基本思想做了全方位的介紹，表現了她對解
構理論準確而深刻的把握。

　　解構主義的攻擊目標是整個西方形而上
學體系。所謂形而上學，就是追求一種超越
時間和歷史的、永恆的、不受質疑的所謂眞
言和道(word)，即邏各斯(logos)。比如本源、
理念、上帝、眞理等等，這種不受質疑的邏
各斯，便成爲一個既能維繫人的認識系統，
同時又置身於該系統之外的出發點或中心。
德希達認爲，形而上學，就是依賴於一種無
懈可擊的基礎，一種第一因原則或不可懷疑
的根據，來建造整個意義等級的思想體系。
在這個等級中，所有與理念、原則或中心有
關的詞，如本質、存在、主體、良知、上帝、
人等等，都表現了顯現的永恆性。因此，這
種形而上的根本所在，是一個永恆的中心所
在，德希達稱之爲「邏各斯中心主義」。一
切所謂精神與物質、主體與客體、眞理與謊
言、靈魂與肉體、本質與表象、男人與女人、

言說與書寫、能指與所指、中心與邊緣等兩級的分離和二元對立範疇，都來自這種「邏各斯中心主義」。而所有這些對立都不是平等並置的，其中一方總是優先於另一方，前者是首位的、本質的、中心的，而後者則是次要的、非本質的、邊緣的、衍生的。如在場(presence)高於不在場(absence)，言說(speech)高於書寫(writing)，中心優於邊緣等等。由「邏各斯中心主義」又逐步形成了「聲音中心主義」(phonocentrism)、「男性中心主義」(phallocentrism)、種族中心主義(ethnocentrism)等一系列西方形而上學的思維方式。而要破除形而上學的迷信，消解這一系列「中心主義」，就必須首先打破這種形而上學的「主次」秩序。

如何顛覆這些延續了幾千年的對立等級，這顯然是問題的關鍵所在。在希臘語中，「邏各斯」的基本含義是言說，其詞源為legein（說），而這一詞源的衍生意義頗為廣泛，它同時具備「存在」(being)和「作

為」(doing)或「思想」(denken)和言說
(sprechen)的雙重含義。《聖經・約翰福音》
開篇第一句：「太初有道」(There is
word)，這個「道」或「聖言」就同時具有
「言說」和「詞語」之意。因此，「邏各斯
中心主義」實為「言說中心主義」，意指言
語（聲音）對文字（書寫）的優先在場。❷
德希達正是從言說與書寫這對範疇入手，把
二者的二元對立作為首先消解的對象，由此
創立了十分獨特的「書寫學」，並以此為武
器，從批判「聲音中心主義」開始，再逐步
擴展到對「邏各斯中心主義」、「男性中心
主義」的批判，以最終達到動搖西方形而上
學整個大廈的目的。

　　所謂「聲音中心主義」就是認為聲音、
言語高於「文字」、「書寫」。傳統的形而
上學自柏拉圖以降都認為說話時，說話和說
話人同時在場，因而聲音和言語最接近意識
的自我在場，最能直接和真實地表達思想。
而書寫與說話相比，語言沒有直接性和鮮活

性，因而不能像聲音和言語一樣是對思想的直接表達，而只能將思想記錄下來。再透過他人的「閱讀」去喚醒，恢復那本是共時性的思想，從而將「過去」「現時」化，將「他人」「自我」化，進而兌現出「言語」的「意義」，可見所謂「聲音中心主義」並非簡單的語言現象，它包含著「他人」與「自我」、「過去」與「現在」一系列二元對立範疇。因此，它連帶著整個形而上學體系。❸

為了推翻言語（聲音）對文字（書寫）的優先在場，德希達提出了原書寫(Arche-writing)的概念。「在狹義的書寫出現以前，書寫早已在使人能開口說話的差異即原書寫中出現了。」❹ 眞正的廣義的「書寫」在語言之前，因爲人在表意之初，不僅有呀呀學語(babble)的現象而且有隨地塗鴉(scribble)的傾向，即劃道道，劃出的道道仍是「印痕」(trace)，「印痕」不斷被書寫，不斷被抹去，因而變得重疊和模糊，這其中包含了空

間的變異和時間的延擱，德希達用「延異」
一詞加以概括。但原書寫並非一種絕對優先
的文字，而是與延異、踪跡同義。由於原書
寫概念的提出，聲音對文字的優先性，文字
對聲音的衍生性就被推翻了，因爲二者都是
原書寫的展開和模寫，認定文字是衍生的，
就等於否認這種原書寫。❺

　　史碧娃克接著提醒我們，當德希達在某
些地方談到書寫對聲音的優先性時，並非簡
單地顛倒了文字與聲音的關係，他所要強調
的是，聲音與書寫只不過是同一語言內的兩
種不同的媒介，是語言的兩個方面。這樣，
德希達就揭穿了「聲音」對立於且高於「書
寫」的虛妄，顛覆了聲音對書寫的優先地
位，但這種顛覆並非使書寫高踞於聲音之
上，使書寫成爲新的中心，而是消除中心本
身。隨著中心的清除，言說和書寫的二元對
立模式就不存在了，言說與書寫都是思想意
義的表達方式，二者互相依存，缺一不可。
消解了言說（聲音）作爲自我在場的優先

性，對邏各斯中心主義無疑是一個致命的打
擊。

2.對序言的解構

正是《論書寫學》對西方形而上學的首
先發難，使得它在德希達的解講理論中有著
十分重要的地位。黑格爾曾說「習以為常的
認識並不能因其習以為常就是正確的認
識。」❻在這一點上德希達完全沿襲了黑格
爾的思想，也正是這一點深深地吸引了史碧
娃克。在譯者序中，她身體力行，對自己的
譯序作了一番生動有趣的解構。

史碧娃克毫不諱言地宣稱指出，序言本
身就隱藏著一個謊言。照理說，序言應寫於
作品完成之前。但事實上序言往往寫於作品
完成之後。如果撰寫序言的不是原作者本
人，而是其他人，情況就變得更加複雜，在
能夠寫序之前，寫序的人應該已經讀過原
作，而按照序言寫於作品之前的順序，這是
不可能的，這裡面顯然有邏輯上的悖論(para-

dox)。史碧娃克引用了黑格爾在《精神的現象學》(*Phenomenology of the Mind*)這本書的前言中說過的一段話「不要把我寫在前言裡的話當真。真正的哲學是我那寫好的《精神的現象學》。如果我在我寫的東西之外跟你說話，這些零零碎碎的言論不會有原作本身的價值……，不要把序言當真。序言宣告了一個計劃，這個計劃在被實現之前什麼都不是。」❼史碧娃克認為黑格爾對序言的否定態度反應出下面的一種結構、序言／文本＝抽象概括／自為活動。他對序言的肯定則呈現出另一種結構：序言／文本＝能指／所指。而公式中的「＝」號在黑格爾那裡則表示昇華(aufhebung)，它表現出一種等級關係，前者被後者揚棄並被昇華到一個更高等級的存在。一篇成功的序言昇華至它所作序的文本中，就如一個詞昇華至它的意義中一樣。正如德希達的結構暗喻所示，由父親（文本或意義）導出或產出的兒子或種子（序言或詞）被父親恢復，因而是正當的。

但在這個結構暗喻中，德希達的口號是「播散」(dissemination)。播散是一切文字固有的功能。由於語言的符號取決於符號的「差異」，意義的傳達不可能是直線傳遞，而是向四處播散，文本的播散性的解拆力量可以對某種語境中產生的任何一種意義從內部加以瓦解和否定，文本（父親）所扮演的權威和本源的角色，既是真實的，又是虛假的。

　　人類共同的願望是企望有一個穩固的中心，一個不被質疑的根據。一本有形有狀、實實在在、有開頭、中間和結尾的書能滿足這一願望。史碧娃克將一本書與瑞士結構主義語言學家索緒爾(Ferdinand de Saussure)的結構主義語言學中的音素(phoneme)的概念相提並論。索緒爾曾經指出「同一個」音素講兩次，或被兩個不同的人講出來，其意思與該音素本身是不一致的，它的特定意義在於它與其他音素間的差異(difference)。同理，對同一本書的兩種解讀的意義也在於其間的差異，書自身的含義是不可被重複的，

對它的每一次解讀都是對原作的一次虛幻的
模仿，而原作自身也是不確定的，它所用的
語言，別人闡釋它的語言同樣也是搖擺不定
的，即所謂差異的遊戲。而任何一個序言，
「在將其自身插入到兩種閱讀（寫序者的和
讀者的）之中時，都是對這一差異的承認和
紀念。」❽

　　由此史碧娃克進一步指出，序言是在另
一種語域中對原作的重複和重建，這就表明
對原作的重複已不再是原作本身，實際上除
了這些永遠有差異的重複外，原作已不復存
在。「書」(book)已經由於身分特性和差異
的遊戲構成「文本」(text)。序言只是權宜地
標明在閱讀與閱讀之間，書與書之間存在著
的讀者、作者和語言的互相銘刻永不停止的
活動場所。黑格爾在父親和兒子、文本與序
言之間畫了一個封閉的圓圈，而德希達卻認
為序言和文本的兩端，都是開放的、無限制
的，文本沒有穩定的身分、穩定的本源和穩
定的結局，每次對文本的閱讀都是對下一次

閱讀的序言。因此，史碧娃克宣稱她的這篇序言只是爲讀者提供了一個閱讀《論書寫學》的權宜的本源。

　　在序言的結尾處，史碧娃克重新回到了她在序言開頭提到的關於序言自身解構的可能性。她再次提醒讀者，德希達的解構理論既承認又否定序言，它之所以否認序言是在於它根本就不相信文本是有絕對的可重複性。作爲一種解讀，序言是對原作的模仿。其中必有失眞和殘缺。同理，解構理論同樣既承認又否定翻譯，因爲它不相信原著的絕對優先地位。閱讀的過程實際上是一個互文的過程，讀者的閱讀行爲必然要與讀者的經歷和閱歷相互作用，而翻譯則是互文的另一種形式，翻譯的過程又是一個替補的過程。原著者的主導地位既給譯者引路，又給譯者設置了障礙，在這個意義上，譯者的地位就不一定非是第一位的，譯者一方面要忠於原著，另一方面又抵擋不住原作喪失其主導地位的誘惑去進行再創作。因此，翻譯活動與

解構理論一樣，可以陷入一種解構和被解構
的雙重境地。

　　綜上所述，可以看出，史碧娃克對德希
達關於消解以二元對立爲其基本特徵的西方
哲學中的「邏各斯中心主義」的理論是有自
己獨到的領悟和見解的。在她看來，無論是
哲學的還是文學的話語，任何被認爲固定和
確定的意義都是虛幻的。意義是流動的、易
變的，與形而上學強調統一性、同一性、確
定性和直接性相反，解構主義千方百計要凸
顯的是矛盾性、差異性、不確定性和間接性。
這一解構主義的思想精髓始終貫穿在史碧娃
克的思想體系內，無論是在女權主義批評，
還是在馬克思主義和後殖民主義研究中都無
一例外。

3.德希達對前人的繼承和批判

　　以推翻一切在場的形而上學爲宗旨的解
構理論絕非德希達一人的憑空想像，而是有
著深刻的理論淵源。因此，史碧娃克在長長

的譯序中將德希達與一系列哲人大師進行了
批判性分析比較。她將德希達與黑格爾、李
維史陀、盧梭、尼釆、胡塞爾、佛洛依德、
海德格、索緒爾、拉岡和傅柯放在一起，讓
各自的理論互相交織、互相指涉、充分顯現
了文本作爲一種開放體系所具有的「成文
性」❾(textuality)以及「互文性」(intertex-
tuality)。❿

在德希達之前，尼釆、佛洛依德、海德
格等人就曾對邏各斯中心主義傳統進行過公
開的挑戰。德希達在其解構主義的發難之作
〈人文科學話語中結構、符號和嬉戲〉
(Structure, Sign and Play in the Dis-
course of Human Sciences)一文中，曾毫不
諱言地承認他的關於「中心消解」的思想是
繼承了黑格爾、尼釆、佛洛依德、尤其是海
德格對於形而上學、本體神學的批判而來
的。在他的思想體系中，我們不但可以看到
黑格爾的影子，而且還可以看到他對尼釆、
佛洛依德，特別是海德格的批判性繼承和發

展。他對前人的大師級話語的批判性及其策略性利用理所當然地對史碧娃克產生了深刻的影響，並使她自然而然地對之付諸於自己的批評實踐之中。

德希達受海德格「Destruktion」（消解、破壞）的啓發，提出了De-construction（解構）的理論。解構理論的核心思想是「擦抹」(under erasure)。所謂「擦抹」，簡單地說，就是在符號上打上×號，表明這個符號「既是又不是」這樣的二重性，這原本是海德格的發明，他在使用「存在」(Being)一詞時，在上面加了一個無形的刪除號×。德希達認爲，海德格對「存在」的擦抹，沒有取消在場，相反地「在刪除號下面，先驗意指的在場一方面被刪除，一方面仍然是痕跡清晰的」。⓫史碧娃克一眼看出了德希達對海德格的批判和超越，指出海德格加刪除號的「存在」(Being)指向一個不可言傳的在場，而德希達加刪除號的「踪跡」(trace)是一個在場的不在場的記號，它意味著本源

只是一個踪跡，而踪蹤不是本源。「它只是
分延，不斷地分延自己」。❷這裡，她再次
以自己所寫的譯序爲例。在序言／文本這對
範疇中，序言是次要的，受壓制的一方，文
本是首要的，優先的一方，作爲強者的文本
應受到擦抹，即打上「×」後使用，以消除
其權威性，擦抹後依稀留下的印痕（踪跡）
並非本源。正如前所述，在序言和文本的兩
頭都是開放的，序言和文本將各自組成供讀
者發現和追溯的一組踪跡，這組踪跡不僅進
入其他踪跡的文本意義延擱變化的延異中，
而且永無盡頭。

　　史碧娃克認爲，德希達對黑格爾和海德
格既有繼承又有批判和揚棄。而批判和揚棄
的目的是要求人們改變習以爲常的思維定
勢。他一再提醒人們文本的權威地位是權宜
的；本源只是一個踪跡，我們要學會同時運
用和擦抹我們的語言。事實上，既運用現存
語言，又不認同該語言的種種假定前題是德
希達解構策略的核心。黑格爾曾經說過「哲

學話語」包含著「對自身的批判」，❸德希
達則對自身的策略作了如下的表述：「這種
話語的策略就是從傳統中借用以需的資源以
解構那傳統本身。」❹他還說出了與黑格爾
十分近似的話：「語言本身包含著對自身的
批判」。❺將這句話用於關於書寫的理論，
「擦抹」的含義就更加一目了然。拒斥確定
性的意義，這使得德希達在使用一個詞語時
又將它刪去，他相當偏激地宣稱：「在我需
要使用每一概念的時刻，我便放棄這一概
念。」❻德希達的這一批判策略對日後的史
碧娃克產生了深遠的影響，這在她的女權主
義和後殖民主義文化批評中尤其顯著。

　　在談到精神分析學家佛洛依德對德希達
的影響時，史碧娃克著重指出了佛洛依德的
「無意識」理論對德氏「中心消解」理論的
啓迪。她認為，對德希達來說，佛洛依德的
精神分析學「並非對人的心理狀態的正確描
繪，或為精神病患者開出的一貼良方，而是
提供了一種破譯文本的方法」。❼佛洛依德

的心理觀念，實際上是一個經過擦抹的符號
結構，與符號一樣，裡面占據著一個異己，
一個完全的他者，即所謂「無意識」，「無
意識」實際上是一種真正的心理現實。佛洛
依德對無意識和人的情感意志領域的發掘和
重視，無異於打破了傳統的「唯一聲音」，
即理性聲音的一統天下，因而與德希達「中
心消解」的思想志同道合。尤其使德希達感
到興奮的是佛洛依德關於書寫的隱喻，即心
靈書寫(psychic writing)。對於心靈書寫及
其對德希達書寫學的啟發，大陸學者鄭敏教
授曾根據史碧娃克的序言中的分析，作過一
段深入淺出的闡述：

　　無意識有如一個蠟製的書寫板，上面
蒙著一層臘紙和另一層極薄的保護膜，生
活遭遇有如一隻（原文如此）刻寫筆，在
書寫板上刻寫，蠟紙上即出現語言，當板
上寫滿時，可將蠟紙揭開，字痕於是消失，
又可寫新的，但舊的字跡已留在板上，存

為記憶，留在無意識中，且在適當的角度
下，仍能被讀到。薄膜則能緩和生活遭遇
的刺激，使心靈不受傷。這樣就完成解構
主義關於書寫的設想：一、沈澱在無意識
中的舊痕跡不消失，在適當的時候能以
「痕跡」的形式進入書寫。二、隨寫隨抹，
無不變之文本，痕跡疊痕跡。在閱讀時需
承認痕跡的自由來去，能指的滑動，打破
文字表面的穩定，去尋找深層隱藏的其他
文本，於是產了閱讀無定論，只有對文
本間現象的闡釋，沒有權威性的所謂「如
實」的理解。⑱

　　雖然佛洛依德在意識和無意識，或者壓
抑與揚棄兩個層面對心理的描述沒有擺脫兩
極對立的語言模式，但他的有關無意識的學
說還是給德希達建構自己的書寫學提供了理
論的支持。
　　在海德格、佛洛依德和尼采三人當中，
應該說尼采對待終極真理和經驗本源的思想

和情操與德希達最爲接近。尼采是唯意志主
義的主要代表人物,他繼承了叔本華(Arthur
Schopenhauer)的生命意志的基本思想,提
倡變消極否定人生爲積極肯定人生的「行動
哲學」,他對不存在所謂終極眞理持樂觀和
慶幸的態度。他所主張的自由嬉戲於西方正
統形而上學之外的歡欣與德希達解構的愉悅
可謂一脈相承。史碧娃克發現尼采對二元對
立的一系列責難時隱時現地出現在德希達的
《論書寫學》中。尼采把語言看成是轉義性
(tropes)或修辭性(rhetoricity)的,這一點與
德希達從結構主義符號學中所引伸出來的
「延異」(differance)、「踪跡」(trace)、
「間距」(spacing)等概念不謀而合。尼采對
二元對立的消解正是德希達用「延異」的概
念對他們所作的解構。⓳

　　史碧娃克在論述海德格、佛洛依德、尼
采和德希達與形而上學的關係時進一步指
出:海德格想與形而上學分道揚鑣,但在邁
出最後一步之前又轉而向其屈服,佛洛依德

則從沒想過要超越形而上學兩極對立的模
式，去建構他的精神分析學，尼采則先砸碎
形而上學的觀念，然後又鼓吹積極地忘却，
而德希達與他們的差異正在於他認識到自己
既在形而上學系統之內又在形而上學系統之
外，這種自知之明和自我警覺的態度在史碧
娃克看來是解構理論最具魅力之處，它表現
了德希達對前人的超越。

在總結德希達、尼采、佛洛依德和海德
格各自的理論建構，及其與德希達解構理論
的同源關係時，史碧娃克強調指出，一切形
而上學都是在其在場的封閉系統中尋求本源
和目的。尼采、佛洛依德、海德格等人在向
這種在場的形而上學提出質疑時，都從各自
的立場出發使用了「擦抹」的策略。尼采對
「認識」(knowing)進行擦抹，佛洛依德對
「心理」(psyche)進行擦抹，海德格則對
「存在」(Being)進行擦抹。德希達將這種把
某一事物的在場抹去，又依稀可見地留下踪
跡的行為稱為「書寫」(writing)。由此可

見，德希達的所謂書寫學是一門關於擦抹的
科學，擦抹的理論實質上是解構主義的核心
理論，它的目的是要消除兩極對立中強者的
權威性，對一切擁有中心的結構進行解構。
任何事物，包括解構理論本身一旦以中心自
居，並成為壓抑對方的權威，就應當受到擦
抹。

在序言中，史碧娃克還論述了德希達對
黑格爾、胡塞爾、李維史陀、盧梭、索緒爾、
拉岡和傅柯等理論家的質疑與批判。

德希達反對黑格爾以絕對精神為主體的
二元論，也不贊成黑格爾的揚棄說，他對黑
格爾所謂綜合兩種對立而產生出第三種力量
的主張不以為然，他所提倡的是一種無權
威、無中心和無限多元力量共存的宇宙觀。
德希達對胡塞爾的不滿主要在於胡氏在其現
象學中始終不肯放棄人的主體中心地位，認
為整個外部世界可以被先驗地把握，他力圖
想像出一種完全表現意識的語言，而這在德
希達看來，是一種自相矛盾的悖論——人何

必不先擁有某種語言而擁有意思？只憑想像
的這種「語言」，將完全是孤立的內心的聲
音，它不指向任何意義。

　　德希達對結構主義的發難是從質疑法國
人類學家李維史陀的結構主義人類學開始
的。在德希達看來，李維史陀是當代的盧梭
主義者，兩者的相同之處在於他們在自然和
文化界定問題上共同使用了「二元對立」的
方法，在語言上他們同是重聲音、輕文字的
邏各斯中心主義者，而盧梭，由於他上啓柏
拉圖，後啓結構主義語言學，因此他便成為
「書寫問題」得以解決的「中心人物」，德
希達在《論書寫學》中的解構閱讀也正從他
開始。

　　應該說，德希達「書寫」理論的建立最
初得益於索緒爾結構主義語言學理論中的能
指／所指的符號概念，對索緒爾的符號理論
德希達持既肯定又反駁的態度，他反對語言
表達功能的確定性，並在此基礎之上提出新
的「書寫」理論。由於結構主義，特別是結

構主義語言學與解構理論的生成和發展之間
的啓承關係，史碧娃克在前言中專闢一章予
以討論。

　　索緒爾認爲，語言符號由兩部分組成：
形象和概念，前者表現爲含有特定意義的聲
音和書面記號，被稱爲能指(signifier)，而後
者不是一個物體，而是那個物體的概念，被
稱爲所指(signified)。在一個語言系統中，
「能指」與「所指」的對應關係完全是人爲
的、約定俗成的。例如書的概念（所指）在
中文裡叫「書」，英文叫「book」，法文叫
「livre」，德語叫「Buch」，能指與所指的
連接方式是任意的、約定俗成的，語言意義
由語言符號的差異決定，沒有差異就沒有意
義。書之所以是書，是因爲它不是筆，不是
計算機，不是任何別的什麼東西，這就是說
聲音形象（能指）並沒有任何固定的確切含
義，它只有與其他能指相區別方顯示意義。
同樣，任何一個概念（所指）如果不和其他
概念放在一起相區別，就沒有什麼確切的意

義。這裡索緒爾僅僅將差異性涉及能指，因為他仍要堅持概念意義與聲音形象（即所指與能指）一對一的關係。德希達認為，僅僅將差異性原則用於能指，而把所指看成確定的意義，表達了傳統哲學家對語言學單意性的期望。他指出，把符號看成是能指與所指的結合並將所指等同於概念「容易導致設想一個先自我存在、而後再被指稱的概念，即設想一個獨立於語言、獨立於能指系統、被思想簡單再現的概念。」❷索緒爾的這種將任意性原則和差別性原則侷限於能指，沒有將差異性看作是本源，認為某一符號具有終極性的傾向，在德希達看來，仍然沒有超越語言中心論的巢臼。

因此，史碧娃克指出，解構主義不接受一對一能指與所指之間的固定關係，而吸收拉岡的滑動的能指說。滑動的能指說強調無意識與語言的關係，認為意識（能指）和無意識（所指）並不能互相指代或完全滲透。德希達正是同時受到索緒爾關於「符號的差

異」和拉岡「滑動的能指」的啓發，提出了
他的「延異」(differance)的觀念，用以表明
符號總是有差異(difference)和延宕(defer-
ment)的雙重含義。❷德希達對拉岡的批判則
在於，如海德格把擦抹的存在看作是超驗的
所指(transcendental signified)一樣，拉岡將
陽物(phallus)上升到超驗能指(transcenden-
tal signifier)。這在德希達看來，無非是佛洛
依德陽物中心主義的延伸，是違反解構原則
的，他的所謂陽物能指(the phallic
signified)與某種終極眞理相對應，是邏各斯
中心主義的又一翻版。

在論及法國反人文主義文化思想家傳柯
與德希達之間的相互關係時，史碧娃克認爲
德希達之所以在《論書寫學》裡專門闢出一
章討論他的〈古典時期的愚昧史〉(Histoire
de la folie a l'age classique)，是因爲六〇
年代的傳柯對於理智與瘋狂的論述仍沒有擺
脫結構主義二元對立的禁錮，儘管傳柯竭力
否認自己是個結構主義者。史碧娃克指出，

在反人文主義的立場上，德希達不像傅柯那樣對主體性持完全否定的態度，而是企圖超越傳統的非此即彼(either/or)的邏輯，在人文主義和反人文主義之間來回運動，遊戲不定。史碧娃克還提到了傅柯對德希達「擦抹」概念的猛烈攻擊。傅柯指責德希達僅將注意力放在文本之內，僅僅從符號的意義上關心語言，把話語實踐簡約為文本「踪跡」的遊戲。史碧娃克認為傅柯之所以對德希達有這樣的不滿，是因為他對德希達的「擦抹理論」尚未有深刻的領悟。

4.解構的策略和意義

在將德希達及其理論與上述一系列思想巨人進行分析對比之後，史碧娃克在前言的第四部分對解構主義的策略和意義進行了進一步的總結。

史碧娃克指出，無論是聲音中心主義、還是邏各斯中心主義，抑或是男性中心主義、種族中心主義，都是一廂情願地希冀有

一個中心在場的存在。正是這種對中心的依
戀，才導致產生了二元對立的等級秩序，
「在場」和「不在場」、理性和感性、靈魂
和肉體的對立貫穿著整個西方哲學史，並波
及到現代語言學中，表現為能指與所指的對
立，言說與書寫的對立。可見，德希達從「聲
音」「書寫」等語言現象入手來建構其理論
是有其深刻的原因的，他提出的「書寫」概
念具有很強的殺傷力，是投向結構主義的聲
音中心主義的一枚重磅炸彈，由於聲音中心
主義伴隨著一種在場的形而上學，因此要解
構整個形而上學體系就必須以此為突破口。

　　為了避免陷入自我解構的誤區，德希達
小心翼翼地在反在場中心性整體性結構的根
本指導思想下，儘量避免使用傳統形而上學
話語中可能使自己陷入二元對立的詞彙，而
使用了「踪跡」(trace)、「延異」(differan-
ce)、「替補」(supplement)、「播散」(dis-
semination)等模稜兩可、似是而非的詞語，
它們組成一個意義鏈(a chain of significa-

tion)，在這個意義鏈中，一個詞可以被另一
個詞所替補（不僅是替代，還是替補），每
個替代又是一種置換(displacement)，因而具
有隱喻的功能。

史碧娃克指出，德希達在談到眞理與隱
喻的對立關係時解構了隱喻是通向眞理的一
種迂迴(a detour to truth)這一傳統觀念。傳
統的文本闡釋正是建立在對隱喻的這一特殊
的理解上，不但隱喻被看作是通向眞理的一
段彎路，而且整個虛構的東西都被看成是一
旦經過批評家的闡釋就可以是通向眞理的一
種迂迴。史碧娃克指出，如果我們仔細考察
一下這個我們已習以爲常的假設，我們就會
發現，不僅不存在不含隱喻的純語言，而且
那種認爲虛構作品從作者掌握的眞理開始，
結束於批評家對眞理的發現的想法，也不過
是我們敎學和批評實踐中的一個謊言或權宜
之計。

史碧娃克非常重視德希達所採用的顚倒
(reversal)和置換(displacement)的解構策

略。她引用德希達的話說，「僅僅將形而上學的二元對立中性化是不夠的」因為，在傳統的哲學二項對立中存在著「強暴的等級關係，對立中的一方總是統治著另一方（價值論意義上的，邏輯意義上的等等），要解構這種對立，就是要首先……對這種等級加以顛覆（顛倒）」。❷即以暴力反對暴力。但這種以牙還牙似的暴力性顛覆是出於論戰的需要，在解構的下一步，這種顛倒將受到替代，被「扶植」的一方將被擦抹，對立關係將被一種共謀關係(complicity)所替代，各種力量和因素都帶有一種擦抹後的模糊，它們在依稀可見的狀態中同時並存，互相指涉，互相補充，最後達到無中心和無限多元的狀態。由此，史碧娃克給解構主義的職能下了以下的定義：「尋找有文章可做的邊緣文本，揭示不確定的環節，用強有力的能指槓桿去鬆動這個環節；顛倒現行的等級秩序，而後替代它；拆毀而後重新建立那總是被烙寫好的一切。在果殼裡解構。」❸

　　然而，史碧娃克對德希達的解構策略並
非毫無疑義，這裡她筆鋒一轉，對解構提出
了質疑：「去掉文本的權威性、批評家的控
制地位和意義的本源，上述步驟的實現並無
保證。」❷那麼，究竟為什麼要對一個文本
進行解構然後再重構呢？為什麼要否認語言
和文本具有確定的意義？為了回答這些問
題，史碧娃克對德希達的解構期望和解構主
義的理論意義進行了進一步的分析。

　　首先，德希達承認解構的欲望可能會成
為一種以權威自居，而對文本進行重新評論
的欲望，而評論家自己也會權宜地忘記他自
己的文本，同時也將逃不出自我解構的厄
運。對這種一方面否定形而上學差異對立的
二元，另一方面建立沒有差異、沒有等級的
「遊戲」的一元，在否定真理時，仍不可避
免地以真理的名義進行文本解構的兩難境
地，德希達有非常清醒的認識。早在解構主
義的開山之作〈人文科學話語中的結構、符
號和嬉戲〉一文中，他就明確指出：「我們

沒有超然於這一歷史以外的任何語言……我們無法說出任何一個破壞性的命題，而這個命題又是沒有滑入它正想與之一爭高低的命題的形式、邏輯和隱含的假設之中的……而由於這些概念並不是構成成份或基本粒子，由於它們都是從某個句法或某個系統中獲得的，因此，每一次具體的借用都會拖帶著整個形而上學。」❷⑤德希達明知無法超越形而上學，却又始終對形而上學的虛妄和圈套保持高度的警惕和批判意識，正是這兩個方面形成了解構主義解構「他者」和「自我」解構的內在張力。

其次，解構給人以巨大的誘惑，它爲人類思想意識打開了新的空間，提供了新的出路，解構的無底洞給人帶來了巨大的恐懼，但同時也給人帶來極大的樂趣，它將激發起新的思維和無窮的創造力。進一步的解構將導致解構「解構」自身，既爲了尋求一個基礎又爲了體驗無底洞的樂趣。「解構的動力來自我們的欲望，而這種欲望本身就是一個

永遠區別於（我們總想要那與自己相異的東
西），並且延擱（欲望總是無法填滿的）於
我們自身文本的可被解構的結構，因此解構
永遠不會是一種建構的、肯定的科學。由於
『延異』無所不在的解構力量，解構是一種
不斷解構自身的運動。」❷⑥所有的文本，廣
義的或狹義的，都在不停地演示書寫的結
構，在建構自己的同時解構自己，它們永遠
逃不出解構和被解構的命運。因此，「解構
批評既是必要的，又是不著邊際的，它像所
在的人類活動一樣既傲慢又謙卑」。❷⑦

二、對解構主義的策略性運用及其批判

　　翻譯《論書寫學》爲史碧娃克提供了一
次深入理解和實踐解構的機會和經驗，這次
經驗成爲她將解構理論運用到其他話語批評
的重要開端，無論是在女權主義、馬克思主

義或後殖民主義等文化政治批評的實踐中，解構理論始終是她握在手中的一柄雙刃利劍。

解構主義之所以成爲史碧娃克批評理論的重要基石，是因爲無論是她所從事的女權主義批評，還是後殖民主義研究，都是以推翻男性／女性、中心／邊緣的二元對立爲其出發點的。由於解構主義揭示了所有形而上學意識形態的虛構性質，它可以揭露諸如性別、種族這些範疇的內在詭計，並向等級制和二元對立邏輯提出挑戰。然而，解構的目的並非是推翻一個中心、一種二元對立，再建立起另一個中心、另一種二元對立，而是要摧毀二元對立賴以產生和存在的整個形而上學思想體系，也就是說「要把傳統的顛倒變爲現實，從總體上取代那個體系，只有這樣，解構才能在其所批判的二元對立項中，提出一種干預的方法。」❷❸中心一旦消除，任何中心與邊緣，主導與從屬的二元對立關係將蕩然無存，取而代之的是一種平等的、

互補的、共謀的關係，二者互相依存，你中
有我、我中有你，缺一不可。

　　在一次訪談中，史碧娃克對解構主義的
要義作了進一步的闡釋，她說：

　　　　解構主義並不是說不存在主體，不存
　　在眞理，不存在歷史。它只是對身分特權
　　使某些人認爲自己掌握了眞理提出質疑。
　　解構主義並不揭露謬誤，而是經常地、持
　　之以恆地去考察眞理是如何產生的，這就
　　是爲什麼解構主義不將邏各斯中心主義稱
　　之爲一種病理現象，也不認爲人們能擺脫
　　形而上學的禁錮。解構主義，如果需要一
　　個公式加以定義，那麼其中的一個公式就
　　是，解構就是對我不能不要的東西進行堅
　　持不懈的批評。㉙

　　從這段話中我們可以看出，史碧娃克正
是依照自己對解構主義的深刻認識和獨到見
解，將其策略地運用到她的一切批評理論話

語之中。在本書的後幾章裡，我們將著重討論她是如何在她的女權主義批評或後殖民主義批評中貫徹這一解構策略的，她一方面始終不放棄對解構主義、馬克思主義等一系列重大話語的策略利用，另一方面又不斷地對這些宏大話語進行解構性地閱讀和批判，從而形成了自己的一套批評理論和風格。

作爲解構主義的主要闡釋者之一，史碧娃克歷來對解構主義理論及其意義有清醒的認識。她認爲，解構主義並非一帖萬能的藥方，那種認爲僅僅依靠解構主義就能找到解決問題的政治途徑的想法和期望是不切實際的，在她看來，解構主義只是提供了一種新的思維方法。她說「僅憑一個思維轉換是不會帶來革命的，不管這種轉換有多大，然而，若沒有這種思維的革命性的轉換，革命的『計劃』將會落入形而上學的泥潭」。❸⓿

對德希達解構理論的詭辯和尷尬，史碧娃克是十分清楚的。她在序言中曾辯證地指出：「如果我們尊重德希達的話語，我們就

不容易抓住他的謬誤。就在他對形而上學的
藩籬進行拷問時，他畢竟還是被這個藩籬捆
住了手腳，他的文本，像其他所有的文本一
樣，對他曾花費心思進行描述的解釋開放，
除此之外，還說明什麼呢？他並未能夠完美
地運用自己的理論，因為成功的運用被永遠
地推延了。延異／寫作／踪跡作為一個結構
恰恰是對尼采玩弄和忘却的遊戲所作的一個
謹慎的表述。」❸

　　正是由於對德希達解構理論之精髓有較
深刻的把握，史碧娃克才得以在解釋和運用
解構理論的同時，看到其侷限，她受其影響，
但不受其束縛，自始至終策略地將其思想精
華貫穿她的各種學術思想和批判話語之中。

　　最令史碧娃克感到激動不已的是德希達
鑽到西方形而上學大廈的內部對其進行無情
的解構，揭露其謬誤與虛幻，並在解構「他
者」的同時對「自己」進行解構。德希達從
西方形而上學的內部顛覆形而上學的傳統，
他巧妙地利用形而上學這只工具箱中的一些

有用的工具來摧毀以它們為部件的形而上學
機器，這種從內部顛覆堡壘的策略給了史碧
娃克深刻的啓示。作為一位長期工作在美國
高等學府中的印度人，她以她獨特的身分躋
身於美國教學機器的內部，策略地運用宏大
話語對一連串當今世界文化政治論壇上的熱
門話題進行批判性的追問，其中包括身分政
治、性別政治、主體問題、種族問題、新的
世界格局下全球勞動分工問題、帝國主義及
殖民話語問題、新殖民主義秩序下文化以及
民族的後殖民性問題、知識與權力的關係問
題、知識分子的社會地位和作用問題等等。

　　解構主義的核心理論就是任何擁有中心
的結構都將受到擦抹。一個文本，不管是
「文學」的、「心理」的、「人類學」的，
還是別的，都是在場與不在場的遊戲，一個
經過擦抹的踪跡的場所。由於任何文本上都
佈滿其他文本的踪跡，因而事實上不存在孤
立的、自足的文本，只有千變萬化的「文本
性」(即成文性，textuality)，而文本的文本

性，使文本成為一種不確定的開放的體系。
將文本的文本性推而廣之，某一文化形態及
至整個世界都是一個不確定的大文本。史碧
娃克將解構理論關於文本作為一個動態生成
過程的多元性，敞開性和不確定性的理論運
用於她對於後殖民文化批評的實踐當中，指
出文本性理論可被用來分析當今世界的版圖
劃分活動(worlding of a world)。帝國主義
侵略擴張的出發點就是想當然地斷定它所占
領和控制的領土是一塊尚未銘刻的(unin-
scribed)的處女地，因而可以肆意劃分和侵
占（哥倫布發現新大陸便是一例），而語言
則在這種劃分中起著關鍵性的作用，歐洲人
將那塊美洲大陸稱為「新大陸」，把居住其
中的人稱為「印第安人」(Indians)。其實這
塊大陸對當地土著人來說，無新可言。

　　因此，劃分世界的過程實際上是一個成
文(texting)的過程，即用西方話語將非西方
的一切本質化、定型化，並將其控制在強大
的話語支配權力之下，使其無以脫離特定的

語言和所謂通用的科學話語及知識形式來建
構自己的文化身分和意識形態。

解構主義要追問的是，當一種敍事結構
被建立起來時，一定有東西被留在了該叙事
結構之外，當一種目標被確定時，其他目標
便遭到拒絕，而人們不再去管這些目標是什
麼。解構主義要搞清楚的正是那些被遺忘
的、被丟棄在一邊的東西到底為何物。這種
追問對解構主義自身也不例外。因此，史碧
娃克認為解構的目的還不只是挑起事端或向
宏大話語宣戰，而是要揭示包括它自身在內
的宏大話語的侷限。因此，解構主義實際上
是一種積極的懷疑主義，它向一切中心的、
武斷的、壟斷的思維方式發起進攻；政治上
的法西斯極權、思想上的形而上學、經濟上
的物質壟斷等一切屬於強權和霸權的精神上
和物質上的壓迫，都成為解構主義射程之內
的靶子。

那麼，被丟棄在宏大話語之外的到底是
什麼呢？從性別上講是女人、從階級上講是

賤民、從種族上講是白人眼中的「非我種
類」。他們一起組成被壓迫的群體，他們的
話語是所謂的「少數者話語」(minority dis-
course)。長期以來，史碧娃克一直爲這種
「少數者話語」搖旗吶喊，她在堅持女權主
義的同時，向白人女權主義提出挑戰，她大
聲責問：「賤民能否發言？」其目的是要讓
那受西方和官方主流意識形態壓迫和排斥的
「少數者話語」向中心、向前台移動，形成
與主流話語的對峙。史碧娃克所積極從事的
後殖民批評正是一種與第一世界宏大話語相
對峙的對抗性批評。

　　對那些在現代觀(modernity)面前躊躇
不前的人們，解構批評無疑指出了一種新的
思維方式，這種思維方式甚至被史碧娃克看
作一種處世方式，它的多元性、無中心、敞
開式的多維思路使得人們在掙脫傳統思維束
縛的漫漫長夜裡看到了曙光。人們一旦從更
高更寬的方位和角度上觀察和思考問題，就
會發現很多過去所未發現或所忽略的事實，

同時也會產生新的疑問，而疑問自然會引起新的思考和新的發現，以至無窮。

史碧娃克對德希達並非不加批判地全盤接收，盲目跟從。她在《論書寫學》的譯者序中一針見血地指出，「雖然德希達的解構理論揭露了邏各斯中心主義與種族中心主義之間的內在聯繫，但德希達幾乎是以一種顛倒過來的種族中心主義堅持認為，邏各斯中心主義仍是西方的一種特產……儘管某些西方對中國的成見在第一部分中有所討論，但是在德希達的文本中，東方却是從來沒有被認真地研究過或消解過的」。❷實際上，邏各斯中心主義不但是一種西方形而上學思維模式，而且也是一種東西方共有的思維模式。

在對待解構主義跳不出自我解構怪圈的問題上，史碧娃克持相當樂觀的態度，她認為這正是解構理論的最可貴之處，她說：「一旦意識到能夠解構的唯一辦法就是將那個要被批判的結構用作於自己批判的結構，

就會明白完全擺脫是做不到的。」❸ 對一切
理論權威的抵制，正是史碧娃克所倡導的一
貫立場，她認為理論建構的最嚴重的問題就
是那種自認為理論永遠是正確的意識。

　　解構自身的悖論和尷尬並沒有使史碧娃
克低估其解構的巨大力量。從解構理論的基
本思想出發，史碧娃克提出了她的著名的
「棄却」(unlearn)主張。所謂「棄却」實際
上含有忘却和拋棄兩層含義，即忘却昔日被
灌輸的那些機構化的(institutionalized)、習
以為常的。含有各種種族、階級、性別偏見
的知識和價值觀念，捨棄由於這些知識和價
值觀念而造成的各種謬誤和陋習。總之，她
堅持對一切傳統的帶有習慣勢力的東西持挑
戰和批判的態度。這其中包括對批判主體自
身社會身分、社會作用、思想侷限、歷史積
澱（文化的、種族的、階級的、性別的）保
持高度的警覺和反省。在當今多極化的世界
格局中，這種自我反省的道德勇氣顯得尤為
可貴和重要，任何形式的對他人的偏見和自

我特權意識，都將導致了解他人和增長新知
識的機會的喪失，而最終導致創造性和新生
命的終結。

有些評論家指出，像史碧娃克這樣身處
第一世界、憑藉第一世界提供給的地位和薪
水，高談闊論後現代主義及後殖民主義的第
三世界學者似乎有利用自己的特殊身分充當
被壓迫者的代言人，並以此作為自己攀登象
牙塔的敲門磚和墊腳石的嫌疑。對此，史碧
娃克並不諱言，她對自己第三世界批評家所
特有的看似曖昧和尷尬的處境，具有一種自
我警惕。她十分強調批評主體的非代表性，
由於批評主體所擁有的種種特權，以及他們
與批評和對抗對象之間的若即若離的關係，
他們有可能自覺或不自覺地拒絕他者的知
識，忽視他者的立場，形成德希達批判邏各
斯中心主義時所揭示的簡單的我與非我、中
心與邊緣的等級差別觀。只有丟棄這種特
權，才能實現「我」和「非我」之間真正的
平等和有價值的對話，因此，史碧娃克堅持

主張批評者必須拋棄自己的特權。

　　八○年代中期德希達的解構主義在美國
學術界的影響，主要表現在文學批評這一特
定的學術領域，以保羅‧德‧曼爲代表的「耶
魯學派」熱衷於文本解構便是典型的一例。
在相當一段時間內，解構主義成爲一種占主
導地位的批評和閱讀方法。史碧娃克對此很
不以爲然，她不主張將解構主義實踐侷限在
文本分析的藩籬之內，而是把它用於一種激
進的泛文化批評，這無論是在她的馬克思主
義批評、女權主義批評，還是在後殖民主義
批評中都有顯著的反映。

　　史碧娃克曾反覆強調她不屬於那種純文
本解構主義學派，她從德希達那裡獲得的更
多的是一種思維的方式和批判的武器。人們
對世界、對意識、對語言所形成的定勢的看
法，一旦被放到解構主義的顯微鏡下進行具
體的審視和考察，就會以一幅全新的畫面出
現在人們的眼前，或許連一幅完整的畫面都
不是。如果任何結論都確實是權宜之計，都

是非確定的、終極的真理，那麼任何本源也
同樣並非本源。在這一點上史碧娃克與德希
達一樣更欣賞尼采式的對世界第一存在的不
存在持幸災樂禍的、遊戲人生的積極態度，
而對盧梭式的，因找不到這種第一存在而產
生的憂鬱和懺悔不以為然。史碧娃克認為解
構主義所表現的責任與遊戲的並存，不應該
引起人們的悲觀，因為「解構似乎為走出知
識的封閉指明了一條出路。由於開創了成文
性無限定的開放性，就置身於深淵……它向
我們展示了深淵作為自由的魅力；落入解構
的深淵，使我們產生的愉悅和恐懼一樣大，
我們為永不觸底的未來所陶醉」。❸❹ 正是由
於解構所釋放出來的巨大能量，使得新生
命、新思想的誕生和發展成為可能。她身體
力行，將解構主義理論訴諸她的全部學術理
論實踐，從而超越了「文本」分析藩籬，將
解構主義轉變為一種激進的泛文化批評。她
反覆強調，對包括解構主義在內的宏大話語

的策略性利用和批判，是文化政治批評的主
要任務。

注釋

❶ Gayatri Spivak, "Lives," *Confessions of Critics*, ed. H. Aram Veeser (New York: Rout-ledge, 1996), p.p.211-212.

❷參見王岳川著，《後現代主義文化研究》，北京大學出版社，1995，頁八〇；張隆溪著，〈二十世紀西方文論述評〉，生活、讀書、新知三聯出版社，1986，頁一五三至一五四；楊大春著，《德希達》，生智出版社，1995，頁三五。

❸參見王岳川，頁八二至八三；蘇宏斌，〈走向文化批評的解構主義〉，中國社會科學院，外國文學研究所，《外國文學評論》，1996，頁六至七。

❹Jacques Derrida, *Of Grammatology,* trans. Gayatri Spivak (Baltimore: Johns Hopkins University Press, 1976) p.128.

❺參見楊大春著，《德希達》，生智出版社，1995，頁三三至四七。

❻同註❹，頁 x iii。

❼同註❹，頁 x‐x i 。

❽同註❹，頁 x ii 。

❾在「延異」概念的基礎上，德希達又進一步引出了「播散」(dissemination)的概念，播散以其彌散斑駁的不完整性構成文本的成文性(textuality)，使文本處在一個分延網狀的平面結構中，猶如一塊織品(texture)，它沒有中心本質和中心思想，文本不斷指涉其他文本所形成的「成文性」，使文本成爲一種開放體系，它標誌著任何一個文本都不完整，都有裂縫，任何一種新的解釋或誤解，都成爲原文本不完整和不穩定的證據。播散使文本在不同的語境中顯示截然不同的意義，並得到互相矛盾的解釋，再也不存在結構主義符號學模式的能指與所指的對立了，中心、結構、根源、本質也隨之蕩然無存，剩下的只有不斷延異和播散的「踪跡」。

❿結構主義致力於尋求文本的結構規律，把文本看作是一個自足的封閉的意義結構，而解構主義認爲任何文本上都佈滿其他文本的踪跡，因此提出「互文性」(intertextuality)的概念以表明不同文本之間的互相指涉，它既指此處的文本與彼處的文本在空

間上的橫向聯繫，又指此時的文本與彼時的文本在
時間上的縱向聯繫，因而體現了空間與時間，歷時
(diachronic)和共時(synchronic)的統一，從而超越
了結構主義的文本理論。德希達的書寫理論所表達
的正是這種「互文性」概念，文本絕非封閉的自足
實體，而是一個差異化的網狀結構，一種踪跡的織
體(a fabric of trace)。

⓫Jacques Derrida, *Positions,* trans. Alan Bass
(Chicago: University of Chicago Press, 1981),
p.41; pp.9-10; p.19.

⓬同註❹，頁95。

⓭同註❹，頁 x viii。

⓮同註❹，頁 x viii。

⓯同註❹，頁 x viii。

⓰同註❹，頁95。

⓱同註❹，頁 x x x viii。

⓲鄭敏，〈自由與深淵〉，香港中文大學，中國文化
研究所，《21世紀》，1991年第4期，頁六〇。

⓳德希達認爲能指和所指的關係並不像索緒爾說的
是同一張紙的兩面，聲音──形象是正面，概念是

反面。能指並不直接產生所指，因為一個詞常常有
許多意義。符號並非是能指與所指的緊密結合，符
號所指代的實物(the referent)實際上是永遠不在
場的，也就是說，「能指」永遠被限制在一個語言
符號系統內，永遠不能觸及它所喻指的實體。因此
意義由於時間關係產生的種種概念和種種差異被
推延了(deferred)。正因為如此，德希達用「延異」
(differance)這一術語來稱呼這一活動過程。

❷同註⓫。

㉑同註⓳。

㉒同註❹，頁l x x vi-l x x vii。

㉓同註❹，頁l x x vii。

㉔同註❹，頁l x x vii。

㉕王逢振等編，《最新西方文論選》，漓江出版社，
1991，頁一三五至一三六。

㉖同註❹，頁l x viii。

㉗同註❹，頁l x viii。

㉘ Jacques Derrida, "Signature Event Con-
text," *Glyph,* vol. I, 1977, p.195.

㉙Gayatri Spivak, *The Spivak Reader,* eds.

Donna Landry and Gerald Maclean (New York: Routledge, 1996), pp.27-28; p.88.

❸⓿同註❷⓿。

❸❶同註❹，頁 x v v。

❸❷同註❹，頁 l x x x ii。

❸❸Gayatri Spivak, *The Post-Colonial Critic: Interviews, Strategies, Dialogues*, ed. Sarah Harasym (New York and London: Routledge, 1990), p.45.

❸❹同註❹，頁 l x x vii。

第三章
獨樹一幟的女權
主義批評家

　　本世紀六〇年代中後期，西方婦女解放
運動出現了前所未有的高漲情勢。隨之而起
的女權主義理論研究方興未艾，那時候的史
碧娃克正一邊在康乃爾大學英文系攻讀博士
學位，一邊在愛荷華大學擔任助理教授。作
爲一名年輕的具有第三世界背景的知識女
性，她在當代頭號資本主義的「教學機器」
中，工作得有聲有色，卓爾不群。在康乃爾，
她是第一個獲得住校獎學金，榮幸地住進象
徵著學識以及榮譽的Telluride House的女
學生，爲此，她還上了當年美國《新聞周
刊》(Newsweek)的封面；在愛荷華大學，她
是英文系的教師隊伍行列中唯一的女性，年
僅23歲，用史碧娃克自己的話說，在學院女權
主義和多元文化研究蔚然成風之前，她就已
經開始在文化政治批評圈內初試鋒芒了。❶

　　史碧娃克的女權主義批評理論有很強的
解構主義和馬克思主義批判色彩，加之她第
三世界後殖民知識分子的身分，使她成爲一
名獨樹一幟的女權主義批評家。這主要表現

在以下三個方面，第一，受解構主義的影響，
史碧娃克對任何形式的二元對立持堅決的批
判態度，她不贊成堅持女性與男性在二元對
立之中的差異，因為肯定本質的性別差異等
於重新拾起二元對立結構，陷入解構主義所
堅決反對的本質主義形而上學的泥潭，但為
了論戰的需要，又必須樹立一個在認識論上
有意義的具體的女性主體，因此，她提出以
探討女性主體經驗為基礎的「策略上的本質
論」(strategic essentialism)。第二，對馬克
思主義的潛心研究，使她從馬克思對資本主
義體系內商品價值的精闢分析中得到啟發，
將勞動價值論，特別是剩餘價值學說引入女
權主義批評，對女性再生產進行政治經濟學
分析，不僅會揭示出女性在男權中心的社會
中處於從屬和第二性位置的政治經濟原因，
而且將使勞動價值理論更加豐富。第三，作
為屬於第三世界的孟加拉籍婦女（史碧娃克
有美國綠卡，但至今沒有放棄印度國籍），
她的女權主義批評話語從一開始就與後殖民

主義研究和「少數話語研究」緊密聯繫在一起。從削弱西方的文化霸權和打破東西方所謂「邊緣」「中心」的神話的目的出發。她不認為有放之四海而皆準的女權主義，反對將「全球女權主義」（實質上是「白人女權主義」）強加給第三世界，她呼籲人們關心第一世界以外的非西方國家和地域的婦女狀況和經驗，提倡開展第一世界的女權主義與第三世界的女權主義之間的「協商對話」(negotiation)，進而將女權主義批評納入後殖民主義批評的日程表。

一、「策略上的本質論」

　　所謂「本質主義」或「本質論」(essentialism)是一種用某種超歷史、社會或階級的固定本質將特定主體普遍化的做法。性別問題上的本質主義是一種把兩性及其特徵

截然分開的二元論觀點。它把女性特徵歸爲
被動的、感情性的、多愁善感的，把男性特
徵歸爲主動的、陽剛的、理智型的，並認爲
男女各自的這些性別特徵是與生俱來的，不
可改變的。長期以來正是這樣的本質主義爲
性別主義(sexism)提供了思想基礎，因而是
女權主義批評關注的中心。這在女權主義的
幾個重要階段中都有不同程度的反映。

1.何爲「女性」？

　　法國女權主義批評家茱莉亞‧克里斯蒂
娃(Julia　Kristeva)在〈婦女的時間〉
(Women's Time)一文中將女權主義這個新
的理論話語分爲「女權」(Feminism)、「女
性」(Feminine)、「女人」(Female)三個不
同的發展階段（編按：此處的三個術語「女
權」、「女性」和「女人」是大陸譯法。台灣的翻譯
分別是：「女性主義」、「陰性」和「女性」），從
中可以看出「女性」的概念在女權主義批評
中的發展軌跡。

　　第一階段，即女權主義階段，主要含蓋二十世紀上半葉，這一階段的女性要求在人類歷史發展的長河中爲自己爭得一席之地，要求在社會的各個象徵秩序中獲得與男人相平等的機會和權利，因此這一階段女權主義的先驅們高揚女權主義的義旗，把矛頭直接指向由男權所主宰的資本主義現代文明對於婦女所形成的一切社會俗習以及偏見，她們對「女性」概念的思考也具有對男權社會觀念強烈的挑戰意味。其中主要代表人物及其著作有西蒙‧德‧波娃(Simone de Beauvoir)的《第二性》(*The Second Sex*, 1949)，貝蒂‧弗里丹(Betty Friedan)的《女性的奧秘》(*The Feminine Mystique*, 1963)和瑪麗‧埃爾曼(Mary Ellman)的《思考婦女》(*Thinking about Women*, 1968)。她們的著作均旨在揭露當今社會中男性和女性從心理氣質到性別角色到社會地位等，都不是先天決定的，而是一種後天的社會文化構成。這種強調社會意識觀念對婦女性別角色的影響

的理論後來到了凱特・米蕾(Kate Millett)那裡進一步發展成生理性別(sex)和作爲社會觀念形態的性類別(gender)之間對立的理論。

　　第二階段，即女性階段，始於1968年法國「五月風暴」以後出現的新一代女權主義。這一時期的女權主義一反初期強調男女平等的主張，強調男女之間的「性別差異」和女性的「獨特性」，並以差異性爲名否認男性秩序。她們意識到僅僅侷限於男女平等是在抹殺異質性，是對女性獨立的否定，因而她們頌揚女性本質。克里斯蒂娃因此提醒人們警惕這種「反意識形態」的作法有可能會陷入逆向的性別歧視或創造出一個重新使用邏各斯中心話語壓迫權力機制的女性主義。這一時期的女權主義又被稱爲激進的女權主義。

　　第三階段是八〇年代中葉以後出現的所謂的後現代女權主義，即將「女權」、「女性」加以整合折衷的重「女人」的女權主

義。這階段的女權主義摒棄作為形而上學的
男性和女性對立的二分法，她們不再強調男
女的「對立」或女性一元論而是強調男女這
兩種性別特徵的非自然化和非穩定化，認為
每個男性個體和女性個體都是千差萬別、千
姿百態的，因此她們致力於推翻男女對立的
二元結構和建造一個兩性特質的多元共生的
色譜體系，她們強調性別或性別差異的政治
必須由多元化的差異來取代，因為多元化的
差異可使性別差異喪失其重要位置。

從上述女權主義發展的幾個主要階段
中，我們可以看出「女性」的概念是女權主
義批評理論中的一個既重要又微妙的概念。
說它重要，是因為它是性別問題爭論中的焦
點，任何女權主義批評都必須以此為出發
點；說它微妙是因為它很難繞過男權優勢的
習慣概念而作為一個獨立主體被精確地、不
受任何性別歧視污染地被描述出來；因此，
如何打破男權意識形態及其權力話語對女性
本質的界定和建構，而同時又避免完全否定

女性主體，從而導致女性在思想理論建構中
無所作為，或因過分張揚女性特性而滑入變
相的性別主義——女性至上的偏激態度，是
擺在眾多女權主義批評家面前的一個艱鉅任
務。很多女權主義理論家都試圖為這個問題
找尋一個滿意的答案。

　　老一輩的女權主義批評家如西蒙・德・
波娃、貝蒂・弗里丹、瑪麗・埃爾曼以及稍
後一點的凱特・米蕾等人都認為「女人並非
生來是女人，而是後天才成為女人」。❷她
們指出當今社會中男性和女性從心理氣質到
性別角色到社會地位等，都不是先天決定
的，而是一種後天的社會文化構成。因此，
米蕾傾向用性屬(gender)代替性別(sex)。新
一代女權主義批評家特別是法國女權主義批
評家如埃萊娜・西蘇(Helene Cixous)、茱莉
亞・克里斯蒂娃等人受佛洛依德，尤其是拉
岡的精神分析學的影響，對「女性」問題進
行了各自的探討。她們沒有將「女性」或
「陰性書寫」侷限在生物性別的層次上，而

是把女性看成一種具有象徵意義的概念，一種挑戰男權中心的話語方式和一種反抗傳統文化和語言的態度。西蘇提出寫作中的潛在的「雙性性慾」(bisexuality)，主張女作家超越男女對立的藩籬，創作「雌雄同體」的文學，以擺脫形而上學二元對立的糾纏。❸克里斯蒂娃受拉岡將象徵秩序(the symbolic order)區別於想像態(the Imaginary)的啓發，提出「符號話語」(semiotic discourse)的理論，把女性視作與一切現存話語和現存秩序勢不兩立的力量的代名詞。❹

在「女性」問題上，史碧娃克由於受德希達解構思想的影響，始終堅持反本質主義反形而上學的立場。她認為，「女人」與任何概念一樣，依賴於與其它概念的差異性。而在一系列的差異性概念之中，「男人」的概念可謂是最重要的、最直接的，也是最相關的。在〈女性主義與批評理論〉(Feminism and Crical Theory)這篇文章中她這樣寫道：

　　我本人對於女人的定義十分簡單，它
取決於在各種文本中所使用的「男人」這
個詞，這些文本為我身居其中的文學批評
機構這個角落提供基礎，你們可能會說，
根據「男人」一詞來界定「女人」是一種
反動的立場，難道我就不應該為作為女人
的我，自己勾畫出一個獨立的定義嗎？在
此我必須重申那個我經常重申的在過去的
十年中所獲得的解構主義的教誨。對任何
事物下嚴格的定義最終都是不可能的。如
果你想這麼做，你儘可以不斷地解構男人
與女人之間的對立，最後表明，這是一個
自我置換的二元對立。因此，「作為一個
解構主義者」，我根本不能舉薦這樣的二
分法，但是我又感到，為了能使我們繼續
探討下去，為了能使我們獲得某種立足
點，定義是必不可少的。我能夠確立的只
是一個權宜的、出於爭論需要的定義：我
不是根據一個女人假定應有的本質，而是
根據日常使用的詞語來建構我作為女人的

定義的。「男人」便是這樣的通用詞語,
而且不是某個通用詞語,而是唯一的通用
詞語。❺

　　作為德希達解構主義的先行闡釋者,史
碧娃克對解構主義的要義可謂得其精髓,她
深知,一切二元對立中的概念或術語都有相
互依賴性,這種相互依賴性意味著沒有任何
一項可以獨立存在,二項只是在相對的關係
中和從它們所隸屬的能指鏈中獲得自己的定
義。她認為對「女人」、「男人」或任何別
的什麼東西作本質性的規定,是一種詞語誤
用(catachresis)。所謂「詞語誤用」是指一
個沒有充分的「實物所指」(literal refer-
ent)的能指。在一定意義上所有的語言都是
詞語誤用,因為語言符號意義所產生的基礎
是一個由一種能指滑入另一種「能指」的永
無止境的替換遊戲,任何指涉都不足以窮盡
意義鏈上符號的嬉戲所產生的意義。但是,
史碧娃克並不僅僅停留在解構的無止境的文

字遊戲中，而且主張策略地利用解構主義的
洞察力將「女性」的概念透過探討主體身體
的經驗加以理論化。她一方面提醒人們不要
跌入本質論的陷阱，一方面又提出女性主義
需要堅持「策略上的本質論」，將女性作為
受男權壓迫的階級整體，以對抗男權的壓迫
和排斥。在一次訪談中，她曾這樣說道：
「你可以策略地看待本質主義，不把它當成
對事物的本質的描述，而是作為一種你進行
批判必須採取的立場。」❻

2.弘揚女性主體經驗

在反對本質主義和主張「策略上的本質
論」的同時，史碧娃克非常強調考察和重新
占有女性身體經驗的重要性，這與解構主義
對異質性的重視是一脈相承的。她認為對女
人來說，異質性主要在於她對自己身體的體
驗，而這種體驗長期以來一直遭受男權文化
的排斥，在這其中，佛洛依德的精神分析學
發揮了推波助瀾的作用。因此，史碧娃克認

為，女權主義批評必須首先對佛洛依德精神
分析學中的陽物中心思想予以清算和批判。

在詳細討論史碧娃克對精神分析學的批
判之前有必要對佛洛依德的精神分析學，尤
其是他的一系列精神分析術語，及其對女權
主義理論的影響作一簡要的回顧。

佛洛依德認為小男孩六歲以前的戀母傾
向是因為母親對他親密的愛撫和照顧，而六
歲以後他一方面懼怕小女孩的「閹割」災難
會落到自己的頭上，另一方面，他開始認識
到父親在單核家庭中的地位和權力，並期望
有朝一日能佔據這種地位和權力，於是男孩
開始克服他的戀母情節並認同於父親，進入
那個象徵男子漢的角色，成為一個有性別的
主體。而小女孩發覺自己因「被閹割」而低
人一等時，便在幻滅中從她受過類似「閹
割」的母親那裡轉向父親，但隨著青春期的
到來，這個計劃注定要失敗，所以她最後會
無可奈何地回到母親，採取母親的女性角
色，對佛洛依德的這套關於「戀母情結」和

「閹割恐懼」的說法，女權主義理論家們歷
來有兩種不同的看法，以將兩性關係問題看
作一個政治問題並將生理性別(sex)和心理
性別(gender)加以嚴格區分而著稱的《性政
治》(*Sexual Politics*)一書的作者米蕾認為，
佛洛依德的精神分析學實際上將男女性別特
徵和角色理論化了，是對婦女運動的一種反
動，他所描繪的伊底帕斯情結(Oedipus
Complex)實際上是一種兩性權力鬥爭的外
在表現，以陽具的缺失與否來論性別的優劣
和強弱無疑是在為男權中心主義張目。歸根
結底是一種生物本質主義。米蕾對佛洛依德
的批判在早期女權主義文學批評中產生了很
大的影響，但不久就遭到了新一代女權主義
的詰問。挪威女權主義批評家陶麗‧莫娃
(Toril Moi)就曾尖銳地指出，米蕾對佛洛依
德的責難是出自於她對佛氏所謂陰莖嫉妒
(penis envy)、女性自戀(female narcissism)
和女性自虐(female masochism)的憎惡，是
對佛洛依德的一種誤讀，她忽略了佛氏自己

對自己理論的假設性和不確定性進行不斷反
思和修正的事實。其他的一些女權主義批評
家如朱麗亞‧米切爾(Juliet Mitchell)和賈桂
琳‧羅斯(Jacqueline Rose)也曾站出來反駁
米蕾的這種武斷。她們認為佛洛依德其實並
沒有將性別屬性視為與生俱來的生物性本
質,相反倒是佛氏精神分析學把性別屬性視
為兒童進入社會過程中的一種文化和社會建
構。米切爾指出,佛洛依德實際上一直在堅
持男女兩性有「雙重心理性別」(psycholog-
ical bisexuality),這正好為顛覆以男權為主
導地位的男女二元對立提供了依據:是社會
造就了男女不同的心理性別,一種為「男
性」(masculine),另一種為「女性」(femi-
nine),是社會和文化造就了「男人」和「女
人」。米切爾還進一步強調,在佛洛依德看
來,不同性屬的個人從來不是一成不變的,
自我身分(selfhood)並非來自嬰兒獨立的個
人身分經歷,而是來自於他/她與另外一個
形象的認同(對小女孩來說是母親,對小男

孩來說是最終取代了母親的父親），這種自我身分是虛幻的，是想像中的錯覺，也就是說，自我總是一個他者，是一個異化了的自我，他／她看到的是一個他者中的自己。

　　佛洛依德的關於想像自我的假說到了拉岡那裡得到了進一步的發揮，並發展成為語言是個象徵秩序的理論。依據拉岡的看法，語言體現了某一特定文化法規的抽象關係。拉岡認為兒童閹割情結產生之前處在一種想像態。所謂想像態是拉岡從佛洛依德那裡引伸出來的一個術語。佛洛依德認為在幼兒發展的早期階段，主體與客體、自我與外部世界之間不可能有任何明確的區分，這種狀況被拉岡稱為「想像態」。兒童在想像態中沒有差異意識，要在進入閹割情結階段，有了陽物(phallus)意識之後才有，這使兒童驟然間從想像態過渡到象徵秩序。拉岡的想像態和象徵秩序大致相當於佛洛依德的享樂原則(pleasure principle)以及現實原則(reality principle)。拉岡還認為兒童從想像態進入象

徵秩序時男女是有差別的，因為他們與語言
的關係有異，之所以有異是因為陽具具有至
關重要的意義，它支配著象徵秩序。

依照拉岡的分析，陽具一方面象徵著權
力和社會秩序，另一方面象徵著遺失（母
體）、缺乏和欲望。拉岡對佛洛依德的修正
在於他認為陽具象徵著父親的法律權威和閹
割的威脅，它不等於陰莖(penis)，而是男權中
心話語權力的象徵，一旦與這個權力認同，
兒童就得以建構自我，但這個自我是具有象
徵意義的，語言上的自我，是透過孩子假設
自己在家庭中的特殊地位取得的，是預先確
定的，是社會秩序和機構分配給他的社會及
性別角色，因此人們的身分形成，依賴於異
化和壓抑，即與自身的異化和對生理欲望的
壓抑。佛洛依德認為在自我意識的形成中，
人們被拽離母親的子宮，把被禁止的欲望驅
入地下，深埋進無意識之中，拉岡將佛洛依
德的推斷往前推進了一步，指出人是被分割
的主體，人的身分存在於人與自己的差異之

中。由此看來，拉岡的精神分析理論是反本
質主義的，也正由於此，拉岡的精神分析理
論對法國女權主義者在建構其批評話語的過
程中產生了極大的影響。

　　然而，儘管精神分析學為女權主義批評
提供了某種理論上的依據和批評術語，有一
點却是無庸置疑的，那就是無論是佛洛依德
的所謂「閹割情結」，還是拉岡的所謂「缺
失」(lack)，都將陽具視為優越以及權力的
象徵，從而將女性放逐到象徵秩序的邊緣，
這也正是為什麼一直致力於建構女性主義詩
學的美國女權主義批評家伊萊恩・蕭華特
(Elaine Showalter)在她的〈荒原上的女權
主義〉(Feminist Criticism in the Wilder-
ness)一文中告誡人們要警惕精神分析話語
對女權主義批評所帶來的不良影響。她說：
「它（精神分析批評）的焦點是女子所缺乏
的男性生殖器，陰莖嫉妒、閹割情結、伊底
帕斯階段，這些已成為佛洛依德理論確定女
性與語言、想像和文化間關係的座標。當前，

受拉岡控制的法國精神分析界已將閹割擴展
成為含蓋女子在文學、語言方面的劣勢的隱
喻。」蕭華特呼籲「基於佛洛依德或後佛洛
依德精神分析學的女權批評必須同女性劣勢
和缺失之困擾作持續的鬥爭」。❼

　　與蕭華特一樣，史碧娃克對精神分析學
在女權主義批評中所扮演的角色持否定和批
判的態度。她從反本質主義的立場出發，對
佛洛依德關於女性性本質的著名定義
——「陽具妒羨」進行了解構主義的批判。
她借用佛洛依德在〈戀物癖〉(Fetishism)一
文中的某些觀點，以解構主義特有的消解立
場提出「子宮妒羨」(womb envy)的概念。
她在〈女性主義與批評理論〉一文中寫道：
「如果說，在歷史／性別各種決定因素的明
顯作用下，典型的男性崇拜物是陽物，它被
給予了母親又被收回。那麼，當女性想像力
向男性文化所尊崇的部分尋求一個稱命時，
很可能會製造一種女性崇拜物，它具有將子
宮給予父親復又收回的功能」。❽由此，她

得出這樣的結論：「我們在重寫佛洛依德時
所面臨的任務，並不僅僅是闡明我們對陽具
妒羨觀點的拒絕，而毋寧是讓人們認識到子
宮妒羨是與陽具妒羨互相作用的兩個觀點，
它們的互相作用確定著人類的性本質以及社
會生產。」❾

　　為了進一步說明「子宮妒羨」這個概
念，史碧娃克在《三個女性的文本和帝國主
義批判》(*Three Women's Texts and A
Critique of Imperialism*)中對英國十九世紀
女作家瑪麗‧雪萊(Mary Shelley)的小說
《科學怪人》(*Frankenstein*)進行了解構式
的閱讀。

　　瑪麗‧雪萊同名小說中的男主人翁弗蘭
根斯坦，在掌握了製造生命的秘密後，造出
了一個具有人的模樣和性格的怪獸，他力大
無窮，心地善良，但面目猙獰，所到之處均
遭到人們的唾棄和懼怕，於是處在萬分孤寂
和痛苦之中，他將原先的善良轉變為對他的
生命製造者弗蘭根斯坦的仇恨，最後，他將

自己的造物主摧毀，自己也從地球上消失。

　　史碧娃克在解讀雪萊的文本時，將弗蘭根斯坦製造怪獸比喻爲生殖複製(sexual reproduction)。這個生殖複製是在弗蘭根斯坦的實驗室裡進行的，因此實驗室可被看作是一個人造子宮，史碧娃克認爲，在這個人造子宮裡，生殖複製（家庭和女性）和社會主體的製造（種族和男性）的二元對立隨著男女性別角色的顛倒和置換被消解了。她指出，「雪萊認爲男性成爲一個造物主的驕傲在於他篡奪了神的地位和企圖——無效地——取消了女性的生理特權。的確，在此借用一下佛洛依德的幻想，我可以進一步說，如果對母親施予和撤回陽物是男性的戀物(the male fetish)，那麼對男人給予和撤回子宮就可以稱爲是女性的戀物(the female fetish)」。❿

　　這裡，史碧娃克從解構主義的立場用弗蘭根斯坦製造怪獸的實例來說明男女性別角色的顛倒和置換，明眼人不難看出個中策

略：借佛洛依德有關生殖崇拜的理論提出
「子宮妒羨」的假說來反駁他關於「陽具妒
羨」的斷想，可謂「以子之矛攻子之盾」
——這正是解構主義的一貫作法。誠然，人們
可能會說，史碧娃克對佛洛依德的駁斥有詭
辯的嫌疑，但策略的詭辯術的運用是為了更
有效地揭示出對立面的虛假以及謬誤。實際
上，史碧娃克千迴百轉想要證明的就是男女
對立的兩方都在同一個話語體系的權力結構
之中，互相依存，乃至互相替換，誰也不比
誰優越或低劣。

　　然而，史碧娃克對佛洛依德精神分析學
中的男性中心主義的批判並沒有停留在以其
人之道還治其人之身的層次，她還進一步指
出，由於佛洛依德僅僅是從陽物中心主義的
觀點出發來解釋女子性慾，因此他對女子子
宮這個人類再生產的場所視而不見。她說：
「我們也許可以在意識理論的生產中標出子
宮妒羨的線路圖：子宮作為生殖場所的觀點
在馬克思和佛洛依德那裡都受到了迴避。」

⓫史碧娃克所要做的就是要將這一男性中心話語避而不談的現象重新凸顯出來，從而破除將女性視爲客體的傳統偏見，在女性主體建構中有所作爲。

　　史碧娃克指出，男性性慾與女性性慾是不對等的。由於男性性器官（陰莖）的快樂一般與男性再生殖相關聯（授精），而女性性器官（陰蒂）的快樂却與女性再生殖無緣（因爲諸如排卵、受精、妊娠、生養等一系列再生殖過程全都遠離性快樂），陰蒂被排斥在再生殖的範圍之外。於是，「當把婦女從法律上確定爲再生產環節中的交換、流通和占有對象時，不但子宮被盜用，陰蒂作爲女性性愛主體的能指地位也被一筆勾銷」。⓬史碧娃克把這種現象稱爲「陰蒂閹割」(clitoridectomy)。陰蒂除了被看作是陰莖的一個替代品外，被完全剝奪了其應有的主體地位。她反覆強調，「陰蒂閹割」的陰影在資本主義社會生活的各方面隨處可見。由於陽具的缺失，女性在幾乎所有的符號話語中

都被看作是性的客體，滿街的化妝品、內衣
服裝、廣告甚至在婦女雜誌和計算機的網絡
上，有關婦女的一切都是為了讓男人看了賞
心悅目。除此之外，社會對男女年齡劃分的
不同標準，對婦女閉經公開談論，而對男性
性功能喪失却莫測高深的不同態度等等，都
無一不在這種「陰蒂閹割」或陽具缺失的象
徵意義中找到某種答案。總之女性之所以被
視作性的客體，或被看作是再生殖的手段或
代理，或是男人的「模仿者」，並以這些性
別角色來界定女性的主體功能，都與對陰蒂
的壓抑和排斥息息相關。

　　可以看出，史碧娃克對佛洛依德精神分
析學的批判是透過弘揚女性主體的身體體驗
來進行的。她甚至認為男人之所以將子宮界
定為一個空缺，「是因為想掩蓋男人自身的
這一空缺──一個實實在在的生產場所的空
缺」。❸她所提出的「陰蒂閹割」等概念都
是為了說明女性在參加公共領域競爭時所受
到的這樣或那樣的排斥和壓抑，用她自己的

話說，「陰蒂閹割是婦女作為再生產主體和
法律意義上的客體這一定義的一個轉喻。」
❹她強調，子宮作為再生產的社會場所，正
夜以繼日地支撐著資本主義的經濟大廈，在
這個意義上，婦女的子宮與資本主義男權中
心實際上是一種共謀關係（不管婦女主觀上
是多麼的不情願）。另一方面對陰蒂作為性
別主體能指的意識形態上和物質上的壓迫造
成對婦女在社會各個領域的具體壓迫。在資
本主義生產體系中，女性被壓在廉價勞動力
的最底層，而在經濟不發達的第三世界，跨
國公司正藉由遙控手段從千千萬萬個婦女身
上榨取絕對剩餘價值。資本主義的生產方式
所決定的男權中心的社會關係，使婦女遭到
社會和家庭的雙重壓迫。因此，婦女在人類
再生產中所起的舉足輕重的作用在史碧娃克
的女權主義批評理論中得到了空前的強調，
她反覆呼籲，婦女作為再生產的主體，應將
反對性別歧視與自身在人類再生產中的主體
地位和作用緊密地聯繫在一起。

　　對女性主體經驗的強調與「策略上的本質主義」是互相聯繫的，擺脫從生理上界定「女性」的本質論，並不意味著放棄在社會和家庭的兩個層次探討女性的主體經驗，女性作爲人類再生產的主體，她的勞動不僅只侷限在私人領域（家庭），而且還體現在公共領域（社會）當中，在這一點上切入馬克思主義的商品價值理論，問題將更加清楚。

二、馬克思主義女權主義批評家

　　史碧娃克的女權主義批評理論不但深深受益於解構主義的教誨，而且還深受馬克思主義哲學及政治經濟學的影響，特別是馬克思商品價值論的啓示。很長一段時間以來，她潛心從事馬克思主義研究，並將馬克思關於商品價值的學說引入女權主義批評實踐，提出了一系列令人深思的問題。

　　史碧娃克從馬克思商品價值論中的三個
範疇入手，對資本主義生產方式作了解構主
義的分析，並策略地將它們用於她獨特的女
權主義批評話語中。這三個範疇分別是使用
價值、交換價值和剩餘價值。

　　在馬克思的商品價值論中，「使用價
值」是指物的有用性，指物能滿足人們某種
需要的功效，是工人生產的產品在被消費者
直接消費的過程中自身所有的價值。當具有
不同使用價值的產品為了滿足人們各自不同
的需要而開始交換時，交換價值出現了，但
這個交換價值，在貨幣形式出現後與它所直
接滿足的特殊需求無關，而是指它所能換取
的東西，或是勞動力，或是金錢。在這個交
換過程中，資本家藉著延長工人為獲取維持
生活的最低工資所需的勞動時間，或透過革
新技術設備降低勞動力等手段獲取超過工人
維持自身生活以上的價值，就是剩餘價值。

　　根據馬克思的分析，勞動力一旦成為商
品便具有了一般商品的兩重性，即價值和使

用價值。勞動力的價值相當於維持工人及家
庭生活資料的價值，而使用價值即勞動力的
使用能創造出比它本身價值更大的價值。這
就是說，在資本主義生產方式和交換方式
中，勞動力是一種特殊的商品，它一旦支出，
就不僅能生產出勞動力自身的價值，而且能
製造出比勞動力自身的價值更大的價值，這
之間的差異或剩餘部分，即剩餘價值被資本
家無償占有了，而榨取剩餘價值是資本主義
生產的目的和動機，資本主義的生產實質上
就是剩餘價值的生產。

　　將馬克思的剩餘價值理論用於分析婦女
在男權社會中的處境，便「可為婦女在使
用、交換、剩餘這三種特定的三角關係中的
位置作出無數種寓言式的描述。」**⑮**婦女無
論是在家務勞動的生產中，還是在人類自身
的再生產環節中，所創造出的財富遠遠超過
了她自身生活所需要的收入，因此，史碧娃
克提出以下論斷：「婦女是源源不斷地為那
個擁有她的男人帶來剩餘價值的一大源泉，

或者說，是被那個擁有她的男人勞動力的資本家從中榨取剩餘價值的一大源泉。」❻ 從這一分析出發，對婦女的家務勞動是否是一種生產勞動，它是否直接或間接地創造剩餘價值這類問題的答案應該是不難找到的。在資本主義生產方式中，生產勞動是一種除了維持工人的生存之外（掙工資）給資本家生產剩餘價值的勞動。但是，由於工資是創造價值的勞動的唯一標誌，所以家務勞動作為一種無償勞動被排除在生產勞動之外。因此，女人之所以從屬於男人，正是因為資本主義生產方式及其社會制度將女人限制在無償的「無價值」的勞動之中。

　　無論是德希達的解構理論，還是馬克思主義的商品價值論，都為史碧娃克剖析男權社會中的婦女狀況提供了銳利的武器。然而，史碧娃克慣有的解構意識和批判性又使她對任何權威的理論，特別是以男權為中心的宏大的敘述持相當激烈的挑戰態度，這種態度有時還會表現得過分苛刻。她認為，由

於馬克思與佛洛依德一樣，在解剖資本主義
生產方式的過程中忽略了女性子宮在生產中
所占的重要地位，所以馬克思心目中的標準
工人是男性。但是事實上，「婦女的子宮在
生產中占據了有目共睹的一席之地，這足以
將婦女置於任何生產理論中的能動者地
位」。❼因此，她認為馬克思所描述的有關
人類與生產、勞動及財產的因果關係是不完
整的。一旦凸顯出女性子宮在生產中的能動
地位，婦女的勞動及生育將得到重新審視和
評價。

　　馬克思主義的異化論認為，在資本主義
體系內，勞動過程將其自身和勞動產品化為
統治工人的，與工人敵對的異己的力量，史
碧娃克認為，這種異化現象在婦女再生產活
動中表現得尤其突出。這主要表現為：「不
論在所謂的母系社會或父系社會中，合法地
擁用孩子乃是那『生產』(produce)孩子的
男人的財產權中不可分割的一部分……，男
人對女人身體的產品持有合法財產擁有

權。」⑱而女人作爲再生產的主體，在生育、分娩和撫養孩子的一系列過程中遭到異化，這種異化無時無刻不在破壞和顚覆著女性主體在勞動和財產分配與財產擁有中應有的地位。在這層意義上，婦女要求墮胎權的鬥爭無疑可被看作是對男性那種天經地義的合法占有權的攻擊。

綜上所述，我們可以看出，史碧娃克對解構主義和馬克思主義的理解和策略性運用使她的女權主義理論不同於其他各路的女權主義。她旣不像美國女權主義者肖爾瓦特那樣致力於建構女性主義詩學，也不像法國女權主義者克里斯蒂娃和西蘇那樣熱衷於符號學意義上的精神分析，而是更多地從女性自身的主體經驗出發，揭示以男權爲中心的一系列宏大話語的虛妄和漏洞，並由此建構一套女權主義的文化政治批評話語。

三、對「國際女權主義」的質疑

在史碧娃克的女權主義批評視野裡，一直沒有放棄過對階級、種族和國家範疇的關注。作爲一個解構主義女權主義批評家，她對同一性和整體性的懷疑，對多元性和異質性的弘揚，使得她不能同意所謂的具有普遍意義的全球通行的女權主義。

在〈國際框架中的法國女權主義〉(French Feminism in the International Frame)一文中，史碧娃克曾對自己女權主義批評生涯的初始階段進行過一番自省。她說，她是在德希達對邏各斯中心主義的批判，和法國女權主義批評家羅斯・伊西嘉黑(Luce Irigaray)對佛洛依德解讀的啓蒙之下開始女權主義批評研究的，她對自己的這個學術選擇這樣評價道：「作爲一個不起眼的

在中西部任教的長春藤大學的博士生，慌慌
張張地選擇法國先鋒派批評本身就可以成為
一個有趣的意識形態批評話題。」❶由於在
大學任教的緣故，她接觸較多的應該說是一
種學院女權主義，而學院女權主義的著眼點
大多只侷限於歐洲和美國，這種女權主義常
被冠以「國際女權主義」(international
feminism)的稱號，實質上只是一種「白人女
權主義」(white feminism)，第三世界那部
分充其量只有美國感興趣的拉丁美洲地區。
面對這種大國沙文式的女權主義，史碧娃克
自然要提出這樣的質問：「國際女權主義的
構成是什麼？」❷作為孟加拉婦女，史碧娃
克理所當然地格外關心當今世界格局中的第
三世界婦女的狀況和命運。她認為，由於政
治、經濟、宗教和文化上的巨大差異，在第
一世界和第三世界的婦女之間存在著巨大的
鴻溝，因此，第一世界的婦女若要想了解第
三世界廣大受壓迫的婦女，首先要做的就是
要放棄自己白人的、中產階級的，受過西方

良好教育的種種特權，與第一世界的所謂
「她者」們進行協商和對話。

　　受德希達解構主義和拉岡的精神分析學
影響，法國女權主義是西方白人女權主義陣
營中的一支勁旅，史碧娃克對「全球女權主
義」(global feminism)或「國際女權主義」
的質疑非難便從這裡開始。我們知道克里斯
蒂娃是法國女權主義批評理論家中極有影響
的一位，史碧娃克對這一點並不否認，然而，
她偏偏要拿克里斯蒂娃開刀，指責她的女權
主義批評話語中所隱藏的對第一世界特權婦
女以外的廣大勞動婦女的漠視和傲慢。

　　克里斯蒂娃受拉岡精神分析學的影響，
提出了「符號話語」(semiotic discourse)的
理論。克里斯蒂娃認為，拉岡後精神分析學
中所謂想像態並沒有遭到語言和父權文化所
代表的象徵秩序的完全的壓制，就像佛洛依
德的無意識總要跑出來影響意識一樣，想像
態中那些受壓抑的因素或傾向，總是不時地
以他者的身分跑出來干涉象徵秩序，這些因

素構成了克里斯蒂娃所稱命的「符號」
(semiotic)，即想像態或前伊底帕斯情結中被
壓抑的聲音，克里斯蒂娃把這些符號及其從
中釋放出來的節奏、聲調乃至沈默看作破壞
象徵秩序的一種方式，是語言的另一個方
面，由於它們產生於伊底帕斯情結之前的階
段，因此與母親（女性）密切相關，但又因
為同樣的原因，它們沒有性的區分，它們所
釋放出來的能量將顛覆一切由男性支配的現
代階級社會中，思想意識賴以存在的語言符
號系統。在克里斯蒂娃看來，「婦女」或
「女性」與這種被壓抑的符號一樣也同樣不
代表一種性別，而是一種存在和敍述方式
──並非女人獨有──它代表著一種對傳統
文化和語言，以及一切現存社會秩序的否定
態度，一種否認和顛覆傳統男權中心結構的
力量，她說：「我以『婦女』意指那不能表
現的，未言說出來的，仍舊高於和超出於命
名和意識形態的東西。」❷

在史碧娃克看來，克里斯蒂娃所熱衷和

描述的「符號話語」理論屬於一種西方特權
階層所特有的學院式女權主義批評，它只適
用於在階級和種族上享有特權的文學婦女，
因爲，只有她們才能像克里斯蒂娃所要求和
倡導的那樣，在寫作中使用先鋒派語言，進
行所謂的話語革命。因此，史碧娃克認爲那
種對政治經濟生活中的微觀世界不屑一顧，
只是偶爾對西方形而上學以外的世界和她者
表示關注，並以個人而不是系統顛覆者的身
分來召喚永恆眞理的西方學院式女權主義批
評，充其量不過是一種揭示西方先鋒派藝術
家秘密的文藝批評。很顯然，史碧娃克對法
國女權主義理論家們試圖建立一種女性話語
的設想持懷疑的態度。她不認爲先鋒派話語
中一定會有所謂革命性的潛力。她對克里斯
蒂娃拒絕一切角色（男性或女性）的作法，
亦持否定態度，她說：「即使人們知道如何
取消性別角色，也不一定能擺脫性別歧視的
歷史決定因素。」❷

　　史碧娃克明確表示她對精神分析理論，

抑或是反精神分析理論不感興趣，而主張尋找一種精神傳記(psycho-biography)，這種精神傳記企圖在精神分析範圍之外對性別主體的構成作出解釋，即從文化、歷史和社會的角度去考察性別主體構成。由於女人的心理體驗受其所處的社會和歷史的影響，每一個女人都有一部不同於其他女人的精神傳記，女人與女人之間的巨大差別特別是第三世界的婦女所面臨的多重壓迫（性別的、階級的、種族的）這一嚴酷的現實，都說明「全球女權主義」是行不通的。史碧娃克斷言，任何一種用西方中心話語來描述和闡釋女性性別主體構成，並把它看作是一種放諸四海而皆準的理論的企圖，實際上都是一種帝國主義的強詞奪理。無視第三世界的國情，向其輸入白人女權主義話語無異於一種性別理論上的殖民主義。在對待不同社會文化和意識形態背景的婦女問題上，與其運用一種普遍話語，還不如策略地採用一種「本質主義」話語，這樣有利於具體問題具體分析，

也有利於突出第三世界婦女自身的主體意
識。

　　與熱衷於話語革命的法國女權主義不
同，英美女權常常洋溢著現實政治的熱情，
它更關注婦女在現實生活中的狀況，更注意
種族、階級等經驗事實對女權主義批評的意
義，因而，史碧娃克較認同於這種具有現實
意義的女權主義批評，但是，她也常常提醒
人們警惕美國女權主義批評往往認同於與美
國種族制度相應而生的種族主義。她指出：
「長期以來，美國女權主義者將歷史視爲一
種貶低理論的實證經驗，因而對自身的『歷
史』視而不見，却以第一世界的霸權式的知
識實踐指定『第三世界』作爲美國女權主義
研究的對象。」❷對此，史碧娃克是不能認
同的。她反覆強調要從政治、經濟角度去考
察第三世界的婦女狀況，並防止其中可能會
出現的大國沙文主義和個人中心主義的那種
居高臨下，以好善樂施的恩主姿態自居的情
操和傾向。在〈女權主義與批評理論〉一文

中，她曾引用八〇年代初發生在南韓漢城的
一次婦女罷工來說明第三世界勞動婦女的特
殊處境。1982年，在一家總部設在美國明尼蘇
達的多國公司下屬在漢城的一家工廠裡，幾
百名女工為增加工資舉行了罷工，遭到南韓
政府的制裁和同廠男工的毆打。而另一方
面，一位在該公司美國明尼蘇達總部工作的
女會計，却得到了赴華盛頓特區國家級辦公
室工作一年的職位和薪金，相比之下，兩個
世界婦女的命運真可謂天壤之別，白人婦女
所受到的優待恰恰是以第三世界婦女的流血
犧牲為代價的。然而，令史碧娃克不耐煩的
竟是，有人提議南韓的女工們效仿她們的美
國姐妹，向她們的雇方提出相同雇傭和促進
婦女利益的建議，在她看來，這種無視他國
國情，「對多國舞台視而不見的」做法充其
量不過是一種「布爾喬亞式」的女權主義，
❷它無論是在理論上還是在實踐上都顯得是
那麼的虛妄和矯情。

　　概括起來說，史碧娃克對「全球女權主

義」的批判分為兩個階段：第一階段主要是
批判「白人女權主義」中歐洲中心主義的帝
國主義情結，揭露其將第三世界婦女當作異
己和非我，因而與「白人種族主義」之間所
形成的共謀關係。第二階段是她時隔十年後
在〈重溫法國女權主義〉(French Femi-
nism Revisited)一文中對她的上述立場作了
部分調整。她聲稱，隨著全球後殖民時期的
到來，擺脫了殖民統治地區的父權文化將捲
土重來，世界各地區極端的民族孤立主義勢
力將重新抬頭，性別問題會因此呈現出越來
越內在化(internalized)的趨勢，因此，她主張
主流文化與第三世界文化的女權主義、世界
中心和世界邊緣的女權主義，歐美與第三世
界地區的女權主義有必要也有可能進行協商
對話，而不必總是處在互相對立的狀態。㉕

　　史碧娃克出生於加爾各答的孟加拉背
景，使她儼然成為第三世界女權主義批評的
代言人。然而，她的這個特殊身分也將她暴
露在其他批評家的質疑甚至指責之下。有人

指出，她自己作爲第三世界的婦女，在第一
世界頭號資本主義國家美國的文化知識結構
中的特權身分和地位，她的女權主義批評話
語中比比皆是的精神分析學、馬克思主義、
解構主義等等男權話語的概念和術語，是否
也說明了她自己所享有的特權，與她所指責
的第一世界女權主義者的特權一樣，正在成
爲她居高臨下比手畫脚的文化知識資本呢？
按照她的邏輯推理下去，史碧娃克不也難逃
被解構的厄運嗎？

　　對這些質疑，史碧娃克似乎是有自知之
明，她坦承她對第一世界白人女權主義的批
評，不一定能逃出世人對第一世界所固有的
向第三世界進行殖民主義的女權主義輸入的
指責，但是，儘管如此，其旨在喚起人們在
這一問題上的反省和警覺的目的，看樣子是
達到了。❷⑥解構他者，而自身解構是解構主
義固有的邏輯，史碧娃克深知這一點，因此，
她並不爲此感到惶恐和尷尬，在文本話語的
建構中體現「互爲主體性」(intersubjectivity)，

提倡多元共生和多種聲音之間的對話，促使
「少數者話語」、「邊緣性話語」向中心運
動，從而在話語的交流過程中填補空白，並
創造新的、有生命力的意義，正是她這樣的
解構主義後殖民女權主義者的使命。

注釋

❶ Gayatri Spivak, "Lives," *Confessions of Critics*, ed. H. Aram Veeser (New York: Rout-ledge, 1996), pp.211-212.

❷ Simond de Beauvoir, *The Second Sex*, trans. H. M . Parshley (New York: Vintage, 1974) p. 301.

❸ 西蘇提倡一種可以使婦女擺脫陽物中心話語的 「女性寫作」 (L'Ecriture Feminine)。她受德希達 書寫學中有關「延異」理論的影響,認為女性的文 本就是關於差異的文本,因此,追尋差異、顛覆居 於支配地位的陽物中心主義的邏輯、推翻男女二元 對立的結構、在開放型的文本間(intertextuality)中 尋求快樂是女性寫作的目的。因此,她提出女人應 該用自己的「肉體」寫作,強調女性寫作與女性身 體和性慾相關聯。但另一方面,她對「女性寫作」 這個概念又保持疑義,因為「女性」這個詞本身隱 含著二元對立的邏輯,仍然沒有逃出形而上學男女

二元對立的模式，爲此她又提出寫作中潛在的雙性
性慾。這種雙性性慾不是作家所有的，而是作品所
表現出來的，企圖以此來擺脫形而上學二元對立的
糾纏。

❹關於拉岡有關「象徵秩序」和「想像態」及克里
斯蒂娃的「符號話語」理論，本節後半部分和第三
節中有較詳細介紹。

❺Gayatri Spivak, *The Spivak Reader*, eds.
Donna Landry and Gerald Maclean (New
York: Routledge, 1996), p.54.

❻Gayatri Spivak, *The Post-Colonial Critic:
Interviews, Strategies, Dialogues*, ed. Sarah
Harasym (New York and London: Routledge,
1990), p.51.

❼Elaine Showalter, "Feminist Criticism in the
Wilderness," *The New Feminist Criticism*,
ed. Elaine Showalter (Virago, 1985), p.256; p.
257.

❽同註❺，頁七二。

❾同註❺，頁五八。

❿Gayatri Spivak, "Three Women's Texts: A Critique of Imperialism," _Feminisms: Gender and Literary Studies_, eds. Diane Price Herndl and Robyn Warhol (New Brunswick: Rutgers University Press, 1991), p.808。此處的譯文參考了李翠芬節譯的同名文章,載《中外文學》第24卷第5期,下同。

⓫同註❺,頁五八。

⓬Gayatri Spivak, _In Other Worlds: Essays in Critical Politics_ (New York: Methuen, 1987), p. 151

⓭同註⓬,頁四五。

⓮同註⓬,頁一五二。

⓯同註❺,頁五六。

⓰同註❺,頁五六。

⓱同註❺,頁五七。

⓲同註❺,頁五七。

⓳同註⓬,頁一三四。

⓴同註⓬,頁一三五。

㉑轉引自Judity Newton and Deborah Rósenfelt

eds. *Feminist Criticism and Social Change*, (New York: Methuen, 1985), p.88.

❷❷同註❶❷，頁一三七。

❷❸同註❺，頁五九。

❷❹同註❺，頁七〇。

❷❺Gayatri Spivak, *Outside in the Teaching Machine* (New York: Routledge, 1993), p.144.

❷❻參見Gayatri Spivak, *In Other Worlds*, p.153; Silvia Tandeciarz, "Reading Gayatri Spivak's 'French Feminism in an International Frame': A Problem for Theory," *Genders* No. 10, Spring 1991, pp.75-90.

第四章
後殖民批評家

史碧娃克

八〇年代後期，西方文化思想論壇在經過後現代主義理論思潮的衝擊之後，逐漸進入一個多元共生的時代，其中後殖民主義(post-colonialism)很快成為一種時髦的理論話語，在歐美的文化思想界和各大學的文化研究(cultural studies)講壇上以一種異軍突起的強勁態勢蔓延開來，對當今西方的文化知識界形成新的一輪理論衝擊。

那麼，何謂「後殖民主義」呢？整體而言，「後殖民主義」是相對於「殖民主義」而言。所謂「殖民主義」，一般是指歐美資本主義在資本原始積累時期的一種帝國主義侵略擴張政策。它主要表現為以各種名義用武力對「落後」民族和國家進行地域上、經濟上和政治上的侵略與掠奪。而「後殖民主義」是指歐美資本主義在「第二次世界大戰」之後的冷戰和後冷戰時期對「落後」民族和國家在文化價值、意識形態、知識話語、主體構成等方面進行圍剿和滲透的一種帝國主義干涉政策和霸權(hegemony)意識。

　　「後殖民主義」作爲一個文化批評的概
念始於本世紀八〇年代中期，當代的幾位有
影響的後殖民批評家大多是一些有著第三世
界背景的學術界知識分子，他們在八〇年代
中期開始在第一世界的學術理論界嶄露頭
角，對他們的知識關切和取向的描述，很快
變成了對全球狀況的敍述。各種長期被壓抑
在「邊緣」地帶：「次要的」、「非主流
的」、「少數人的」、「亞文化的」的思潮
和聲音也由於他們的鼓噪而開始向假想的
「中心」和「權威話語」發起挑戰，並由邊
緣向中心運動，以期打破中心和邊緣的一切
界限，取消殖民主義思維方式遺留下來的各
種「二元對立」，進而揭示出全球社會複雜
的多元性和偶然性。

　　在幾位有影響力的、活躍的後殖民批評
家當中，阿拉伯裔文化理論家愛德華・薩伊
德早在1978年就推出了他的後殖民主義批評
力作《東方主義》(*Orientalism*)，對歐洲中
心主義建構東方他者的帝國主義心態進行了

猛烈的批判，從而率先將後殖民主義批評話語推向美國文化政治批評的前台，印度裔文化批評家霍米‧巴巴(Homi Bhabha)企圖透過凸顯異質文化之間的雜種性(hybridity)來削弱以歐洲爲中心的帝國主義話語，而史碧娃克則以「賤民能否發言？」的追問，加入了後殖民批評的大合唱，她就後殖民批評中的一系列核心問題如殖民主體身分、認知暴力、帝國主義危機控制等提出了自己的看法，對後殖民主義理論思潮在北美的全面崛起和發展做出了獨特的貢獻。

一、「賤民能否發言？」

　　1988年史碧娃克與旅居澳大利亞的印度籍史學家拉那吉他‧古哈(Ranajit Guha)共同編輯出版了《賤民研究選集》(*Selected Subaltern Studies*)。選集收入了她1985年撰

寫的〈賤民研究：解構歷史敍述〉(Subaltern Studies: Deconstructing Historiography)一文，該文章成為她後殖民主義研究的開山之作。1988年她又在一次演講的基礎上發表了〈賤民能否發言？〉(Can the Subaltern Speak?)，對歷史敍述(historiography)中的再現或表述問題，賤民主體位置問題進行了詳細的闡述。

1.歷史敍述中的再現（表述）問題

　　在史碧娃克一系列後殖民研究著述中經常出現的「賤民」一詞並非史碧娃克的首創。「賤民」(subaltern)一詞在後殖民批評話語中的運用，大體上是借用了義大利共產黨創始人安東尼奧‧葛蘭西在他的有關文化霸權理論中所用的「臣屬」(subalternity)一詞。「臣屬」是指在專制的情況下所養成的智力卑下和順從遵守的習慣和品質。葛蘭西認為，西方資產階級強有力的統治建立在政治、思想和道德的領導權之上，它更多地依

賴於群眾的「自願」接受統治，而不是依靠
暴力來維持。意識形態並非虛妄，它是建立
霸權的基礎，無產階級與資產階級之間誰勝
誰負的鬥爭，就取決於誰先掌握了「霸
權」，誰先擁有意識形態的支配權。

　　葛蘭西的文化霸權理論，在史碧娃克看
來，是西方馬克思主義哲學思潮中的為數不
多的有價值有意義的東西。葛蘭西所描述的
那種對霸權俯首貼耳的「臣屬」品質和習慣
大大地存在於受到殖民化的經驗之中。她在
1988年發表的〈賤民能否發言？〉一文中，
將「臣屬」的命題用來探討印度種姓等級以
外的賤民（非精英的、次等的社會群體）的
處境，指出他們不但臣屬於英國殖民者，而
且臣屬於那些與英國殖民勢力相勾結的本土
統治勢力，甚至包括那些代表他們說話，而
使他們永遠喪失主體地位，不能代表自己發
言的本土文化精英們。所謂本土文化精英，
當然也包括「賤民研究小組」的成員，他們
都是一些受過英國式高等教育的印度知識分

子。他們成立「賤民研究小組」的主要目的
是要重寫印度歷史。他們認爲在印度歷史上
扮演重要角色的不僅是英國殖民統治者，或
民族主義精英分子，而且還有廣大的賤民階
級，即城市的貧民和鄉村的農民階層，他們
在抵制長達一個多世紀的英國殖民統治的鬥
爭中，採取了與民族主義精英分子不盡相同
的態度和戰略，若干次賤民起義(subaltern
iusurgency)使他們成爲一支不可低估的抗
英反殖民力量。因此，僅從英國殖民者或民
族主義精英階層的角度，或僅以此二者爲主
體書寫印度史是不公平的也是不完整的，它
甚至會成爲一種對歷史事實的歪曲，於是這
些史學家們決定從賤民階層或起義者(insur-
gents)的角度重寫印度殖民化的歷史。

　　「賤民研究小組」決定重寫印度殖民史
的設想，和實踐與西方社會當時正風起雲湧
的對諸如婦女、少數族裔等邊緣地帶被壓迫
者或少數者的聲音和話語的挖掘和弘揚可謂
同出一轍，同時也與德希達解構主義和傅柯

的權力話語理論遙相呼應。更主要的是，這
項研究與史碧娃克正在進行的解構主義、馬
克思主義、女權主義研究不謀而合，加之研
究課題是對自己祖國歷史的重新書寫，參加
者又都是印度本土知識分子，理所當然地引
起了史碧娃克的極大關注和熱情參與。

　　然而，史碧娃克是一個一向對身分主體
建構和權力話語分配等一系列文化政治批評
話題保持高度警覺的後殖民知識分子，因此
她在對「賤民研究」力圖將殖民意識歷史化
和理論化，以及所採取的「策略上的本質
論」予以肯定的同時，也提出了一系列坦率
的質疑，這主要表現在以下幾個方面：

　　第一，「賤民研究」的學者們試圖透過
重寫印度殖民史，來重建賤民階級主體意
識，但他們所依據的史料無一不受到賤民話
語的污染，或已打上民族主義精英分子的思
想烙印，因此，他們所得到的關於賤民意識
的訊息僅僅是從那些反對起義的文本或精英
們的史實記錄中得來的。真正的賤民階級意

識仍然難以觸及。

　　第二，為了重新挖掘賤民階級在印度殖
民史上所發揮的獨特作用，打破殖民者和民
族精英分子對印度歷史敘述的壟斷，賤民研
究的學者們必須將自己認同於那些用不同於
民族精英們（如聖雄甘地、尼赫魯等人）的
方式，即武裝起義的方式推動歷史前進的賤
民能動主體(agent)。換句話說，他們自己首
先要成為歷史敘述工作中的賤民史學家，從
而使「霸權主義」歷史敘述陷入危機。然
而，即使如此，史學家們所扮演的賤民角色
與真正的現實中的賤民之間，仍存在著差別
與裂痕(discontinuity)，他們力圖在新的歷史
敘述中凸顯的賤民主體意識，只是經過了一
番過濾變得更加理論化而已，實際上，學者
們只是在替賤民們說話，而賤民們自己仍然
不能自言。

　　因此，在史碧娃克看來，對「賤民能否
發言？」這個問題的現實主義回答是否定
的。約十一年後，在一次訪談中，❶她對這

個問題進行了進一步的解釋，她說她之所以認爲賤民不能發言，是指賤民的聲音，不論是第一世界還是第三世界的特權階層都聽不到。如果賤民能讓別人聽到自己的聲音，能成爲像葛蘭西所說的有機知識分子(organic intellectual)和他們社區的自覺代言人，那麼其賤民身分將得到徹底改變，他們將就再也不是什麼賤民，而這種可能性是否存在，正是史碧娃克這樣的後殖民知識分子所迫切關注的。

「賤民研究小組」重寫印度殖民史的計劃，在史碧娃克看來，實際上是一個涉及到再現或表述政治(representation politics)的問題，在〈賤民能否發言？〉和〈後殖民批評家〉中她曾多次提醒人們應該注意表述或再現的雙重含義。❷馬克思在〈路易·波拿巴的1月18日〉中曾經寫過這樣一句話：「他們不能代表自己，他們必須被代表。」❸馬克思這句話的含義是指1848年法國大革命中的法國農民不可能有自覺的階級意識，

因而在政治上依賴於拿破崙或路易・波拿巴
這樣的獨裁者，讓他們充當自己的代言人。
薩伊德曾在《東方主義》的卷首引用馬克思
的這句話，以影射歐洲的東方主義正是打著
所謂「代表」的招牌，以殖民主體自居，以
各種藉口對東方進行本質主義的界定，彷彿
只有透過帝國主義話語再現一個「他者」或
「異己」才能界定他們自己。

　　史碧娃克認為，馬克思在這句話中所使
用的represent這個詞，在德文裡有兩層含
義，一是政治上的含義，德文詞為Ver-
tretung，表示站在某人的立場上代表某人發
言(speak for)，如國會代表、議員代表之中
的含義；二是美學上的含義，德文詞為Dars-
tellung，意為藝術地再現(re-present)或描繪
(portrait)。儘管政治涵義上的代表和美學意
義上的表述或再現之間有很大的差異，但有
一點是共同的，即都有一個動作的主體和動
作的客體。正如政治領域的議員或國會代表
有時並不能代表他們的選民一樣，歷史敍述

中的再現和表述也可能會扭曲其再現或表述
的對象，因為再現或表述已經攙入了史學家
自己的意志，他自身的社會身分和認識侷限
無不在表述中發生著作用。因此，史碧娃克
提醒人們，「需要牢記的是，當你從政治上
代表時，你實際上是在再現的涵義上代表你
自己和你的全體選民」。❹也就是說你不但
要代表他人還要再現他人，這個他人也許是
工人階級、也許是黑人、也許是婦女。因此，
不論是代表，還是再現或表徵，實際上是一
個政治問題。史碧娃克總結道：「如果不牢
記兩者之間的共謀關係，將會導致極大的政
治危害。本質主義和反本質主義之間的爭論
實際上並非至關重要的爭論。想成為非本質
主義者是不可能的……真正的爭論是這兩種
代表方式的爭論」。❺

2.女性賤民的主體位置

　　史碧娃克認為由於賤民不能自言，真正
的賤民意識是不可能完全恢復的，對賤民意

識進行歷史搜索(retrieval)的企圖只是一種
理論上的虛構，與其去尋找這種已不純正的
意識，還不如去考察一下賤民階級的主體位
置(subject-position)，這將有助於更完整地
勾畫和理解印度被殖民化的歷史，和揭示出
歷史書寫中的帝國主義症狀。

　　對主體位置的思考必然會涉及到階級特
別是性別等一系列史碧娃克稱作為異質性的
話題。由於性別問題的提出，就很難將殖民
主體看成是一個鐵板一塊的整體，與男性賤
民相比，女性賤民處境更加暗淡。而「賤民
研究小組」恰恰忽略了對女性賤民的關注，
史碧娃克對女性賤民的研究無疑是對賤民研
究的補充，對女性賤民主體位置的考察，僅
僅從階級的角度予以關切是不夠的，還應從
性別的角度進行分析。實際上，女性賤民同
時處在男權主義和帝國主義的雙重壓迫之
下。史碧娃克在〈賤民能否發言？〉中這樣
寫道：

在「買辦國家」(comrado countries)
裡階級動力是毫無生氣的……在「買辦國
家」裡對「國際女權主義」感興趣的、占
主導地位的社會群體中的婦女普遍相信全
球結盟政治的可能性。而另一端則是與
……任何結盟都全然無緣的都市下層無產
階級婦女。在她們那裡，消費主義的抑制
和剝削結構與男權社會關係相輔相成。在
國際分工的另外一側，即使是那些不代表
她們發言的知識分子荒謬地給她們留出一
線說話的空間，剝削主體仍無法了解和敘
述女性剝削的文本，女性因此籠罩在雙重
的陰影之中。❻

因此，史碧娃克堅持認為，在第三世界，
特別是在一些殖民地國家中被壓迫的主體始
終是一個複雜的概念，帝國主義和本土社會
中的男性主義、民族主義和階級壓迫有著千
絲萬縷的共謀關係，也正因為如此，史碧娃
克的後殖民批評始終沒有放棄馬克思主義和

女權主義的批判視角。在像印度這樣的一個
前殖民主義國家中，帝國主義勢力總是與階
級和性別壓抑糾纏不清。史碧娃克以印度在
1929年被美國廢止的寡婦自焚(sati)為例，進
一步說明賤民婦女在帝國主義和男權統治之
間的兩難處境。

　　寡婦自焚是印度宗法制社會中的一種封
建禮教儀式：妻子在丈夫死後，爬上亡夫的
祭壇，自我焚毀，以表示對丈夫的忠誠，這
個儀式也叫做寡婦祭祀。英國對這一習俗的
廢除被白種人視作「白人將棕色女人從棕色
男人手中拯救出來的實例」。然而，印度的
男性本土主義者則對此持對抗的觀點：「女
人願意去死」。❼

　　對上述兩種說法，史碧娃克持激烈的批
判態度。她指出，當這兩種觀點從不同的角
度做出論斷完全相反的辯解時，都忘記了這
樣一個重要事實：即女人自己的聲音被淹沒
了。「在夫權制與帝國主義之間，在主體的
建構與客體的形成之間，女人的身影消失

了，不是進入太古虛無，而是陷進一種第三
世界婦女在傳統和現代化之間的激烈穿梭的
置換性建構之中」。❽女人在夫權制和帝國
主義的雙重扼制下，從未享有主體的地位，
她一方面是英帝國主義視之爲防範族人迫害
而予以保護的客體，而另一方面，她又是丈
夫的客體，殉夫自焚成了好妻子的代名詞。
由於主體地位的喪失，「性別上的從屬階級
（賤民）無處發言」。❾

　　「賤民研究」雖只是史碧娃克後殖民主
義研究的一部分，但却有著至關重要的先導
意義，「賤民研究」中出現的問題及其經驗
一旦被推廣到整個後殖民主義批評領域，將
爲後殖民理論的豐富和發展提供不少有益的
參照和啓示。事實上，「賤民」一詞在史碧
娃克的後殖民主義批判話語中常被用作一個
隱喻，它可以是指婦女、少數族裔等一切所
謂中心以外的邊緣化的、非主流的社會群體
或文化思潮，在這個意義上，「賤民研究」
可被看作是「非主流文化研究」、「少數者

話語研究」的代名詞。

二、後殖民理論與文學批評

　　作爲長期工作在美國大學英文系的教授，史碧娃克自然會將她的各種批評話語運用到教學的實踐中去。對西方文學文本的後殖民解讀和第三世界文學批評，在她的後殖民主義著述中占有相當的份量，有必要在此作一扼要的介紹。

1.對第一世界女性作品的後殖民解讀

　　早在1981年，史碧娃克在〈國際框架中的法國女權主義〉就曾批評英美大學裡文學課的教學長期以來一直忽視經典作品中的帝國主義主題以及文化再現中的殖民主義心態。1985年，她在〈三個女性的文本和帝國主義批判〉一文中對這個問題又作了具體的闡

述。在這篇文章裡，史碧娃克將三部英國十九世紀女性作家的作品包括《簡愛》(*Jane Eyre*)、《茫茫藻海》(*Wide Sargasso Sea*)、《科學怪人》(*Frankenstein*)放在後殖民主義的語境之下，進行了一番解構性地閱讀，爲傳統的文學經典作品的教學和閱讀，提供了全新的視點和層次。

史碧娃克認爲《簡愛》中的女主人翁之所以能在小說的敍述中從一個無家可歸的孤兒變成了合法婚姻家庭的一家之主，是因爲「活躍的帝國主義意識形態爲其提供了話語場」。所謂話語場(discursive field)，實際上是一個符號系統，這個符號系統之所以存在是因爲它依賴著「帝國主義是一種社會使命(social mission)」這個帝國主義理念，❿在由這個理念所支撐的話語場中，簡愛的對手──男主人翁羅徹斯特的前妻被自覺或是不自覺地醜化爲「像一頭野獸般地攫取、吼叫」，而被殖民主義者所征服的家園則被描寫爲「地獄」⓫，因此，將異教徒歸順爲基督

徒便成為帝國主義的社會使命。

　　為了進一步說明《簡愛》敍述話語中所隱藏的帝國主義自戀情結，史碧娃克在同一篇文章中對另一位英籍女作家瓊・里斯(Jean Rhys)所著的《茫茫藻海》進行了對比閱讀。一般認為，《茫茫藻海》是《簡愛》的戲仿。美國女權主義批評家桑德爾・吉爾伯特(Sandra　Gilbert)和蘇珊・古芭(Susan Gubar)曾在《閣樓上的瘋女人》(*The　Mad Woman　in　the　Attic*)中從精神分析的角度指出，瘋妻子伯莎是簡愛的黑暗化身、是簡愛瘋狂邪惡的本我；史碧娃克則從後殖民主義文化批評的角度指出，女作家里斯及其她所塑造的女主人翁伯莎等人的批判帝國主義意識。出生在多米尼加加勒比島的英籍女作家里斯在兒時閱讀《簡愛》時，深為「閣樓上的瘋女人」所感動，決意「要為她寫出生命來」。❷在她的筆下，伯莎即女主人翁安托萬內特被寫成一個活生生的有個性、有感情的女人。由於安托萬內特的非純種白人的

血統，她同時被土著人和白人殖民者看作
「非我」和「異己」，而身為女人，她又難
逃夫權統治下一般女人的客體化地位，她被
重新命名為伯莎，被剝奪了全部財產，被逼
瘋，最後被同時充當男權和殖民主體的白人
丈夫羅徹斯特關進英國莊園的閣樓。在小說
的結尾，女主人翁安托萬內特夢見到自己的
鬼魂，史碧娃克認為這是對《簡愛》結尾的
演示，當安托萬內特從夢中醒來時，也就是
在全書的結尾，她說了這麼一句意味深長的
話：「現在我終於知道我為什麼被帶到這裡
來，也知道我該做什麼。」史碧娃克將這句
話與《簡愛》中的故事情節聯繫起來，認為
被「帶到這裡來」是指被帶到勃朗蒂所寫的
《簡愛》這本書裡來，以被迫接受帝國主義
的安排。在《簡愛》中，安托萬內特／伯莎
縱火燒毀了囚禁她的桑菲爾德莊園和她自
己，因為「只有這樣簡愛才能夠成為英國小
說中女性個人主義的主人翁。」對此，史碧
娃克批判道：「我必須把這段讀成一個帝國

主義的一般知識暴力的寓言，即設立一個自
毀的殖民主體以榮耀殖民者的社會使命。至
少里斯留意不讓這個來自殖民地的女人被當
作瘋狂動物，而犧牲以鞏固她的姐妹的地
位」。❸這裡，史碧娃克含蓄地讚揚了里斯
對伯莎的命運的處理，與此同時也表達了她
對勃朗蒂在塑造伯莎時所流露的帝國主義情
懷的批判。

　　史碧娃克對瑪麗‧雪萊的小說《科學怪
人》的批判除了本書第二章中已經討論過的
與性別角色和性別物戀相關的部分外。主要
還針對小說中所出現的種族主義敍述語言，
這主要表現在弗蘭根斯坦在拒絕為怪獸製造
出一個女性伴侶時，所表現出來的種族優越
感，和對其他「非我族類」的鄙夷與偏見，
他僭越地宣稱：「我對我的種族的責任高於
一切……基於這個觀念，我很正確地拒絕為
那個生物製造一個伴侶」。❹種族的偏見使
他擔心怪獸所繁衍的後代將威脅到自己的種
類，所以他決定摧毀創造未來夏娃的實驗

室。其他的諸如作者借書中的一個人物之口
所說的，只要掌握了印度的不同的語言，了
解那個社會的特點，就可以協助歐洲殖民和
貿易進展等等涉嫌歐洲中心主義的話語，在
史碧娃克看來，同樣也是「帝國主義情操」
的一部分。❶

2.第三世界文學批評與「症狀閱讀」

　　除了對第一世界的文學文本進行後殖民
的闡述外，史碧娃克對第三世界（印度）本
土的文本也非常關注。在她的學術著作中，
她對當代印度女作家和政治活動家瑪哈斯薇
塔・戴維作品的翻譯和詮釋頗為可觀。將第
三世界的文學文本引進美國和西方其他一些
國家的文學課堂，一方面是為了將她一直提
倡的「少數者話語」推上第一世界大學的講
壇，從而推翻西方經典作品在文學講台上的
霸主地位，另一方面則試圖透過對第三世界
文本的「症狀閱讀」(symptom reading)揭
示出西方宏大話語的不足。

　　在《在其他世界裡》，史碧娃克以〈賤民的文學再現：一個來自第三世界的婦女文本〉(A Literary Representation of the Subaltern: A Woman's Text from the Third World)爲題，將戴維的短篇小說《提供乳房的人》(*Stanadayini or Breast-Giver*)介紹給了廣大的西方讀者，爲後殖民語境中的第三世界文學批評提供了一個鮮活的範例。

　　短篇小說《提供乳房的人》講述的是一個印度賤民婦女的故事，Jashoda在丈夫被主人家的兒子打傷失去勞動力之後，頂替丈夫走出家門給主人家的孩子當奶媽以換取口糧養家糊口，由於勞累過度，付出太多，最終患上了乳腺癌悲慘地死去。

　　小說作者戴維本人申稱這篇小說實際上是一篇關於殖民時代結束後印度的寓言。擺脫了殖民統治的印度，就像小說中的女主人翁Jashoda一樣，是個被雇的奶媽，所有她曾經哺育過的人，不管屬於社會那個階層，包

括戰後新富、空想家、本土的官僚和僑民，
所有這些曾經發誓要保衛這個獨立的新國家
的人，無一不繼續對她進行濫用和剝削，如
果不採取任何保護她的措施，不給她必要的
補償，或者醫學科學的援助之手姍姍來遲，
她將在癌變的痛苦中耗盡生命。

　　史碧娃克在對小說進行評論之前，首先
提出了文學作品和歷史敍述的異同問題。一
般認爲，文學作品是虛構的，而歷史記載是
眞實的。然而，傅柯的話語理論却打破了兩
者之間的嚴格界限，由於歷史記載和小說一
樣都需要語言來完成，因此兩者都是話語的
產物。又由於話語受知識權力機制的操縱，
就更使兩者之間的界限趨於模糊。但是儘管
如此，史碧娃克認爲文學教師與史學家的取
捨仍有不同，就戴維的《提供乳房的人》而
言，史學家試圖藉由文本的闡述，給賤民分
配一個主體地位，而文學教師則想透過對文
本的解讀揭示出主體地位是如何分配的。將
兩者放在一起將凸顯出各自的侷限，乃至於

危機(bring each other to crisis)。

　　然後，她介紹了有可能對《提供乳房的
人》進行的幾種批評解讀方法，其中包括作
者本人的民族寓言法、西方馬克思主義女權
主義批評、西方自由派女權主義批評和法國
女性身體理論。從表面上看，後三種方法好
像是作爲文學教授的史碧娃克自己把小說中
的賤民女主人翁更多地視爲性別主體(gen-
dered　subject)，而非階級主體(class　sub-
ject)所採用的女權主義閱讀方法。但明眼人
很快就能看出她實際是對這三種她稱之爲
「精英」式的讀法進行了不客氣的解構，其
目的是爲了揭示出將西方批評話語用以閱讀
第三世界的文本，將會暴露出某種侷限和漏
洞。而正是這些侷限和漏洞反映出西方的批
評話語並不完全適用於西方以外的世界，那
種把西方宏大話語看成是普遍眞理的企圖只
是歐洲中心主義的一廂情願。

　　下面我們以史碧娃克在文章中列舉的西
方馬克思主義女權主義批評方法爲例，看一

看其侷限性是在何處，以及史碧娃克是如何
對這種批評方法進行解構的。

西方馬克思主義認爲在階級社會中，女
人的從屬地位是由她的經濟地位決定的，與
性別差異所決定的勞動分工沒有關係，但是
將這個論斷用來分析《提供乳房的人》中女
主人翁的經歷似乎不足以說明問題。

Jashoda在自己的丈夫傷殘後，頂替丈
夫到女主人家當奶媽，她藉由不停地懷孕和
哺乳來供養自己的丈夫和孩子，也就是說她
藉由不斷出賣自己作爲女性特有的勞動力來
維持自家生計。而她的丈夫則成了她生產的
手段。根據馬克思主義商品價值論的邏輯，
當母親用自己的身體生產出來的奶水哺乳自
己的孩子時，用的是奶水的使用價值，當奶
水出現剩餘時，便出現了交換價值，而且它
一旦出現就被盜用。優良的食物和頻繁的性
交（懷孕）是將她保持在良好的哺乳狀態的
基本保證，她給自己孩子吃的奶是必要勞動
的產物，而給主人家孩子吃的奶則是剩餘勞

動的產物。為能使她不斷產生剩餘價值，男
女性別勞動分工發生了對換：女主人命Ja-
shoda的丈夫在家做飯以便讓Jashoda回家
後不再勞累，從而確保第二天能提供高質量
的哺乳服務。然而，單核家庭中經濟地位的
對換並沒有改變Jashoda作為女人的命運，
恰恰是她用來生產價值的手段——乳房出了
問題，它們千瘡百孔，正對著她獰笑，最後
要了她的命。

　　史碧娃克認為Jashoda的故事打破了宗
族社會中男性是唯一能生產價值的勞動力的
神話，她的經歷生動地說明了婦女的勞動同
樣是一種產生價值的生產勞動，再現了母親
作為生產勞動的主體這個被忽視的事實。女
權主義的閱讀就是要弘揚女性在人類生產勞
動中的主體地位。而這一點在馬克思主義關
於社會再生產和勞動力再生產的論述中似乎
沒有得到充分的重視。

　　從上述論述中，我們已不難看出史碧娃
克的良苦用心，她企圖說明從馬克思主義和

女權主義各自的立場出發既可以幫助認識和
討論問題，也可以揭示出兩者之間存在著某
種歷史的對抗性。她堅持認為，用不同的話
語理論去研讀文學文本，將會讀出文學文本
中甚至是批評話語自身所存在的想不到的
「症狀」(symptom)。而「症狀閱讀」在她
看來正是文學教學和文學批評的任務之一。

　　所謂「症狀閱讀」，是本世紀西方馬克
思主義文學批評的主要代表人物法國馬克思
主義思想家路易‧阿圖塞和皮埃爾‧馬庫雷
的文學意識形態批評理論中的一個重要觀
點。阿圖塞和馬庫雷都認為，文學作品中可
能會存在著很多的「空隙」、「省略」以及
「沈默」，這並非是出自作品修辭的需要，
而是由於意識形態的侷限，而不能說或想不
到怎麼說，因而批評家的任務不是對文本所
說過的部分加以釋義，而是讓那些「沈默」
的部分說話，即從不完全的和充滿省略的文
本中，讀出症狀來，並由此獲得關於意識形
態的知識。⓰

　　用西方的批評話語對《提供乳房的人》
進行「症狀閱讀」，或者更確切地說用《提
供乳房的人》對西方的批評話語進行「症狀
閱讀」，可以披露這樣一個事實：第三世界
的文本可以解構和干擾第一世界的宏大敍
述，從而揭穿其侷限和漏洞，而這主要是由
女主人翁經歷的異質性所決定的。像Ja-
shoda這樣的第三世界勞動婦女，其特殊的
社會歷史處境，決定了她獨特的異質性，這
種異質性使她不能被簡單地等同於第一世界
特權階層的婦女。對Jashoda來說，西方白人
女權主義者爭取墮胎權的鬥爭，不但不能解
決她的問題，相反還會剝奪她價值生產的權
力，使她本人及其家庭陷入更加糟糕的境
地，史碧娃克就此總結道：Jashoda所遭受
的壓迫除性別的以外，還有階級的和民族
的。從階級的角度看，是Jashoda貢獻了自己
的乳汁才換來了上層階級家庭婦女的解放，
使她們擺脫了哺乳的枷鎖，得以走出家門，
她們可以一方面無後顧之憂地與自己的丈夫

做愛，一方面繼續保持自己的體形，穿戴歐
式的胸罩和外衣。從民族主義的角度看，Ja-
shoda的經歷可以被看作是殖民主義時代結
束後印度在文化上、經濟上仍不能擺脫殖民
主義陰影的一個隱喻。這個國家爲國際市場
提供了成千上萬的廉價勞動力，他（她）們
在國際勞動分工中不斷地創造剩餘價值，供
由第一世界在不等價的交換中無償占有，就
像Jashoda的奶水不停地被主人家的孩子吮
吸一樣，而生產奶水的乳房（印度）却滿目
瘡痍，遍體鱗傷，甚至到了無可救藥的地步。

　　史碧娃克在向第一世界介紹第三世界的
女性文學文本的同時，一直不忘提醒人們，
在西方學術界和文學教學界常常存在這樣的
傾向，這就是將第三世界的婦女文學同質
化，並用第一世界女權主義精英們的觀點和
方法去篩選和評價第三世界的女性作品。這
種做法還可能蔓延到第三世界的本土，從而
導致第三世界婦女主體地位的長久喪失，使
她們永遠不能作爲主體去參加關於自己知識

的建構、生產和再現。

近年來，史碧娃克對印度本土文化表現出越來越強烈的關注，一方面，她想透過對第三世界文學文本的多層次的互相指涉，和互相質疑的解讀來證明第三世界的文學並非如西方所認為的那樣，仍然處在所謂現實主義的幼稚時期，它們同西方的文學一樣，也經得起西方任何一種時髦的符號學和闡釋學的檢驗。另一方面，她試圖從現代化／現代主義的夾縫中，去尋找未被這個宏大話語的納入的本土文化主題及其應有的位置，從而指出現代主義的不足。因此，在教學實踐中，她始終堅持解構主義批判邏各斯中心主義的基本立場，堅決反對任何建構典律(canon)的欲望和企圖。她認為在對建構典律的批判中不應忽視政治和歷史的因素，因為任何一種典律的建立都隱藏著非常深刻的認知暴力(epistemic violence)行為，是強權政治在學院機構中的反映，因此，應對這個問題予以足夠的後殖民的關注和追問。

三、「後殖民狀況」與批評主體

　　在以軍事的領土侵略為主要特徵的殖民時代結束後，殖民主義的存在形式轉變成帝國主義後期更複雜更微妙的文化侵略，西方的文化霸權取代了以往對第三世界經濟和政治的直接控制，正以各種方式和渠道，以及各種旗號或藉口向全世界滲透。這種後殖民狀況是史碧娃克在其後殖民論述中反覆強調的，她認為，「後殖民」既不是一個地域區別的概念，它不僅僅侷限在東方或西方，也不是一種嚴格意義上的哲學思潮，因為事實上並不存在什麼後殖民「主義」。「後殖民」首先指的是一種新的世界格局，它既包括「經過非殖民化的區域」(decolonized space)也包括那些並不能以「殖民」一詞去描述的區域，即那些未經過領土／軍事侵略

的地區。其次，「後殖民」指的是帝國主義
的「危機控制」(crisis management of
imperialism)新方式。正是從這個全球的角
度著眼，史碧娃克說：「全世界都是後殖民
的」。❼

　　史碧娃克認為，在後殖民狀況下，帝國
主義的「危機控制」新方式主要表現在兩個
層次，一是透過「認知暴力」向第三世界進
行文化和意識形態的滲透和征服，二是利用
不平等的國際勞動分工，對第三世界進行搖
控式經濟剝削，從而保證資本主義在全球的
霸主地位。在後殖民狀況下，被殖民的不只
是那些在歷史上遭受過西方殖民主義者壓迫
統治的民族和人民，被殖民已經成為一種描
述被壓迫經驗的普遍範疇。任何文化政治的
帝國主義霸權的對象就是被殖民者。與殖民
時代的被殖民者一樣，處在後殖民狀況下的
被殖民者同樣處在一個「他者」和「客體」
的位置上。

　　由於後殖民主體與他批評的對象經常處

在一種複雜的膠著狀態，因此，史碧娃克強調，對批評者自身身分的考察和正視是後殖民批評家不可迴避的問題。

1.「認知暴力」與話語控制

由於被殖民者主體地位的喪失，由於西方話語的壟斷和侵蝕，被殖民者無法用本土的語言和話語去形成自身獨特的意識或再現作為被殖民主體的自身經驗，這是史碧娃克在〈賤民能發言嗎？〉一文中的所闡述的主要觀點。在〈三個女性的文本和帝國主義的批評〉中，她又對這種殖民性(coloniality)進行了進一步的總結：「沒有一個批判帝國主義觀點能使異己變成自我，因為帝國主義的規劃已歷史地將原本可以是絕對性的異己折變成馴服的異己，以鞏固帝國主義自身」。

因此，史碧娃克更加關心的並不是對殖民主體意識進行正本清源的還原，這在她看來是不可能的，而是要揭露帝國主義的文化

移植及其歐洲中心主義心態在全世界範圍內
對「異己」以及「非我」的「認知暴力」
(epistemic violence)。她認為正是這種「認
知暴力」導致了西方話語的統治地位，同時
剝奪了被殖民者的主體身分意識和用本土語
言再現自身經驗的權利。

　　「認知暴力」一詞來源於傅柯權力話語
理論中的一個重要概念——「知識型」(epis-
teme)。「知識型」指的是在特定的一個時
期中決定著知識領域中所使用的基本範疇的
認識論的結構型式。傅柯認為，「知識型」
決定著知識的產生和發展，而話語作為一種
知識的載體和工具，既是形成思想的條件，
又是表達思想的媒介。所謂人類文明史，實
際上是一大堆從歷史沿革下來的種種話語的
堆砌，即對某一特定的認知領域和認知活
動，如科學、哲學、宗教、法律等的語言表
述，它們在權力衝突支配下，經由不斷剔除、
混淆和積澱，才逐漸形成不同專業的話語系
統。至於科學和真理也很難說是什麼純淨的

知識，因為它們不可避免地摻雜著主觀意
志，留有權力干預的傷痕。因此話語是一種
壓迫和排斥的權力形態，話語又是權力爭奪
的對象，一種特殊的對象。由於話語的產生
總是依賴一定秩序受到控制，挑選組織和分
配，因此無不打上深深的權力爭奪的烙印。
總之，話語實踐上是權力和知識的表徵，話
語的形成實際上是知識、權力、語言三層因
素的合成。❶

　　傅柯的知識權力話語理論無疑給史碧娃
克提供了解構和剖析殖民話語（即西方宏大
話語）的思想武器。她將「知識──權力」
的論說具體運用到後殖民狀況的政治文化版
圖中，建構了一套基於後殖民知識分子主體
意識和第三世界主體經驗的居於第一世界內
部的「他者」的後殖民對抗性批評話語，在
西方的文化政治批評的論壇上展開了與第一
世界主流話語和帝國主義意識的對峙和較
量。

　　在殖民地國家，帝國主義話語隨著殖民

主義在本土的登陸，向本土文化的腹地長趨
直入，使得本土文化成爲支離破碎的殖民文
化，帝國主義話語成爲天經地義的支配性話
語，帝國主義國家的法律條文理所當然地成
爲被殖民國家人民的思想和行動準則，本土
的一切符號和話語系統因此而受到顛覆性的
打擊甚至解體。這種「認知暴力」所造成的
種種文化後果是極爲複雜的，但其中不可否
定的一個方面就是對本土文化和話語系統的
嚴重消音(silence)，以及對其應有的權威地
位的嚴重剝奪，並把它們變成鞏固其殖民地
位的「他者」。

　　薩伊德在《東方主義》一書中分析了西
方作家學者和官方話語如何系統地建構了一
個符合西方意識形態需要的「東方」。這個
「東方」乃是一個以西方爲中心的、由東西
方對立兩分思維投射出來的「非我」，是東
方主義的話語炮製出來的一個虛假的被歪曲
了的東方形象。在這種話語中，「東方」不
僅被本質化、定型化，而且還被同質化。薩

伊德對「東方主義」的批判和譴責，實際上
是對西方話語對西方以外的文化的「認知暴
力」的批判和譴責，這種批判和譴責到了史
碧娃克那裡則變成了一句責問「從屬階級
（賤民）能否發言？」

　　旅美中國學者徐賁在《走向後現代與後
殖民》一書中，對西方對東方的知識話語控
制作過精闢的分析和總結，與史碧娃克關於
「認知暴力」闡述頗為貼近。他指出，西方
殖民主體對被殖民者的文化身分及其歷史的
建構，主要是透過對知識話語的控制和壟斷
來實現的。以歐洲為中心的系統話語形式不
僅本身就是西方的，而且還被看作是具有普
遍性(universality)。它所涉及的領域包括哲
學、政治、科學、人類學、歷史學、文學（指
特定概念的文學，如「浪漫主義」、「現實
主義」、「現代派」文學等等）等一系列支
配和影響意識形態並代表人類文明的話語。
❷在以歐洲為中心的宏大話語支配地位中，
西方以外的文化和知識不得不處於屈就和邊

緣的地位，就連被殖民者用以抵制殖民者的
話語也無一不受到西方中心主義和殖民話語
的污染，其結果必然導致被殖民者在建構自
己的主體地位、文化身分、知識形態和歷史
的時候倍受殖民話語的糾纏和失語症的煎
熬，在無法確定自己的身分的情況下，被殖
民者只好接受殖民者已經爲之設立好的「非
我身分」被迫參與殖民者對自己身分的帝國
主義霸權建構，使自己在不自覺中成爲殖民
話語的共謀。

　　因此，揭露「認知暴力」，批判「歐洲
中心主義」透過知識話語對第三世界控制的
特殊意識形態，發掘弘揚「少數者話語」
(minority discourse)便成爲史碧娃克反殖
民批評話語中的中心話題。除此之外，她還
特別強調在警惕和抵制西方藉由知識話語對
第三世界進行控制的「認知暴力」的同時，
不應忽視以第一世界藉由全球資本主義對第
三世界的壓迫和控制，來把握當今的世界秩
序。她提醒人們，「後殖民性正是一條將我

們帶入全球性國際資本主義的軌跡」。㉑

2.資本主義對全球的遙控

　　史碧娃克對後殖民狀況下全球資本主義
的洞見，是與她長期以來從事馬克思主義，
特別是勞動價值論的研究分不開的。她指
出：「馬克思主義真正能提供給我們的是全
球體系，而在第三世界，馬克思主義最強有
力的貢獻則是危機理論」。㉒

　　馬克思從商品入手，用勞動、使用價值、
交換價值和剩餘價值等一系列概念，把資本
主義生產關係的剝削實質暴露在光天化日之
下，揭示了資本主義在全球範圍的發展規
律。然而，隨著資本主義的進一步發展，隨
著後工業時期消費商品資本主義的出現，生
產和銷售的商品並不需要有「自然」的使用
價值，消費的欲望占居了第一位的位置，這
使得馬克思主義的商品價值論在當今全球資
本主義的趨勢中越來越難以把握，但這並不
意味著馬克思勞動價值理論的過時，相反

地，用馬克思的危機理論分析當代全世界範
圍內的國際勞動分工將有利於揭露帝國主義
的「危機控制」新方式。她指出，第一世界
的發達與它長期以來對第三世界的多種形態
的剝削和控制，存在著既微妙又深刻的共謀
關係(complicity)，二者之間在知識權力上的
差距又進一步使這種共謀關係得到鞏固和發
展。華爾街的繁榮、歐美大學教育水準的領
先地位、超市上琳瑯滿目的商品，與第三世
界的工廠和鄉村之間的內在聯繫，往往被人
們遺忘到九霄雲外。而正是這種遺忘及其對
國際勞動分工的無知使得西方的繁榮，包括
教育的發達與西方對第三世界多種形式的持
續不斷的剝削和主宰的共謀關係，得以以各
種方式存在和發展下去。㉓

　　史碧娃克反覆強調，由於不平等的國際
勞動分工，第一世界不但雇傭第三世界的廉
價勞動力，而且向第三世界大量傾銷其產
品，於是第三世界工人們生產的產品幾乎是
繞地球一周後又回到生產者自己手上，這種

遙控(remote control)式的帝國主義「危機
控制」新方式，以對第三世界勞動力所創造
的剩餘價值的不斷盤剝和榨取，爲第一世界
的文化知識界提供物質保障，而第一世界的
文化知識界又反過來爲這種剝削和控制提供
意識形態的支持。因此，史碧娃克對發達國
家以及對不發達國家「滲透式」的支援始終
深表憂慮。她從國際貨幣基金組織和世界銀
行的有關資料中得出這樣的結論：「在第一
世界對第三世界提供的援助中，總夾帶著要
第三世界購買某種商品，和在不同層次上雇
傭不同國別工人的比例等等要求」。❷❹

　　史碧娃克在〈對價值問題的斷想〉
(Scattered Speculations on the Question
of Value)一文中指出，帝國主義的危機控制
還表現在：㈠儘量將殖民屬國的勞動法規和
環境法規保持在較原始的狀態，以保證絕對
剩餘價值的生產多於相對剩餘價值的生產；
㈡向殖民屬國傾銷過時的生產機器；㈢剝削
殖民屬國剩餘勞動力大軍──婦女。❷❺ 因

此，她堅持後殖民理論對歐洲中心主義、男
性至上主義和全球資本主義霸權的批判應與
批判帝國主義和殖民主義政治經濟制度結合
在一起。

　　作為女權主義後殖民批評家，史碧娃克
在抨擊後殖民狀況下的「認知暴力」和「危
機控制」時，特別提到第三世界的婦女，尤
其 是 「城 市 下 等 無 產 階 級」(sub-
proletarian)婦女和毫無組織的農村婦女在
所謂國際勞動分工中的特殊處境。她指出，
帝國主義和本土文化中的男性主義勾結在一
起，使得第三世界的賤民婦女這一眞正的剩
餘 勞 動 力 大 軍 成 為「超 級 剝 削(super-
exploitation)的新焦點」。❷❻ 這些被剝奪了
公民權(disenfranchised)的婦女，常常被放逐
到「知識型」或權力運作之外，根本無權參
加關於她們自身的知識話語建構，在這種情
況下，第一世界參加意識形態和知識生產的
知識婦女，如大學裡的女教授們打著解放全
體被壓迫婦女的旗號爭取終身教授資格的鬥

爭只能使第三世界女性賤民的狀況變得更
糟，儘管她們自己並沒有意識到這一點。❷❼因
此，對全球女權主義或女權主義整體主義
(totalitarianism)的質疑和批判，就自然而然
地成爲史碧娃克後殖民批判的重要組成部
分。關於這一點，本書第三章第三節和本章
第二節中已有討論，在此不再贅述。

3.批評主體與身分意識

對「整體主義」和「普遍性」的批判是
史碧娃克在她的所有文化政治批判中所採取
的一貫立場。由於從事後殖民主義批判的理
論家和學者們大多數具有第三世界的背景，
因此作爲批判主體，他們的身分與第三世界
的定位是密不可分的。用「第三世界」這個
稱謂對批評和對抗主體進行整體性描述，無
疑是出於第三世界對抗第一世界的共同利益
所需要的一種策略姿態，但是將第三世界本
質化，將其看成鐵板一塊而無視其內部的差
別、衝突乃至壓迫關係，將滑入本質主義的

誤區。爲此，史碧娃克提出著名的「策略上的本質論」，它一方面從第三世界角度出發用「後殖民狀況」來描述當今全球秩序，由此去揭露新的世界格局下特定的壓迫結構和形式，幫助形成一種共性對抗意識，另一方面它時常提醒人們防止用某種超歷史、社會或階級的固定本質將特定主體普遍化，它提倡反省批評主體個人的經歷和認識的侷限性，並以此來對抗他的批判對象所妄稱的認知普遍性。史碧娃克對西方全球女權主義的指責與她所堅持的「策略性本質論」不無關係，在她看來任何有意無意的將西方社會中定位的女性主體，抽象爲普遍化的女性主體的思想意識，都掩蓋了第一和第三世界婦女政治要求的差別，以及同一社會中婦女之間的階級差異。堅持策略的本質論，將有利於批判主體根據具體社會中特定的壓迫性結構採取相應的主體位置和對抗策略；因此，史碧娃克在她的著述中一方面致力於解構歐洲中心主義對「他者」的本質化建構，另一方

面出於自己所認同的婦女和少數民族解放事業的需要，提出要在「戰略」上樹立「本質主體」。

在提倡「策略上的本質論」的同時，史碧娃克還十分強調批判主體的非代表性。她向「賤民研究小組」提出的「賤民能發言嗎？」的詰問就深深地表達了她對後殖民批評主體代表性的懷疑和憂慮。她堅持後殖民批評必須包括對後殖民批評主體自身的解剖，包括對主體身分、知識特權、認知侷限、社會作用和歷史負擔以及與他／她所處的那個社會的知識權力關係等的自覺反省和高度警覺。既然反抗殖民文化的批評家本身（無論是第三世界的還是第一世界的，或是第三世界生活在第一世界的）與他／她所反抗的對象有著非常複雜的，剪不斷理還亂的聯繫，他／她的思想意識和批判話語就必然難逃殖民主義知識話語的控制和污染，他／她也就不能再以代表全新思想和意識的精神領袖或知識精英來充當被壓迫者的發言人。這

種由殖民主義帶來的文化衝突和主體分裂在
殖民時代結束後仍是一個解不開的死結
(aporia)，這個死結使得批判主體在為被壓
迫主體立言時，反使得被壓迫主體不能自
言；在企圖解放被壓迫者時，有意無意地將
他們送入新的壓迫關係之中，使他們永遠處
在從屬階級這一社會底層的底層。❷⑧

　　因此，史碧娃克認為，後殖民批評的首
要任務之一就是要設法解開這個死結，它要
求批判主體自覺克服那種與西方帝國主義，
和男性中心主義同出一轍的自戀情結和自我
優越感，拋棄他／她作為知識分子的特權，
丟棄那種居高臨下的、頤指氣使的恩賜(be-
nevolence)心理，在寬容、平等、多元共生的
精神指導下，與他者對話，傾聽他者的聲音。
史碧娃克曾多次強調，賤民之所以不能說
話，是因為第一世界和第三世界的特權階層
不肯傾聽他們的聲音，一旦賤民能夠發言，
他們將成為葛蘭西所說的有機知識分子，參
加對社會的干預，到那時，賤民將不復存在，

這種政治倫理關係正是史碧娃克期望透過後
殖民批評來努力加以實現的。

　　大致說來，後殖民批評可分爲以學院政
治爲主的後殖民批評和著眼於社會政治的後
殖民批評。前者主要關切的是大學裡的課程
設置，科研項目、師資隊伍，資金分配要突
破歐洲中心主義的一統天下，而後者則是更
廣泛地關心少數族裔、婦女等被壓迫群體的
社會政治權益和文化歷史要求。無論是學院
政治關切，還是社會政治關切都是爲了開啓
人們對當今錯綜複雜的壓迫形式的認識，史
碧娃克對其中的思想解放意義深信不疑。她
從馬克思主義歷史唯物主義，和解構主義中
心消解的高度，將當今世界格局中的帝國主
義和殖民主義性質的政治、經濟和文化控制
統統納入自己的批評視野，爲後殖民主義理
論思潮的形成與發展、爲少數種裔與婦女及
其各種次第公民反對社會文化壓迫的鬥爭，
作出了自己獨特的貢獻。

注釋

❶Gayatri Spivak "Subaltern Talk, Interview with the Editors," *The Spivak Reader*, eds. Donna Landry and Gerald Maclean (New York: Routledge, 1996), pp.287-308.

❷參見 Gayatri Spivak "Can the Subaltern Speak?", *Colonial Discourse and Post-colonial Theory: A Reader,* eds. Patrick Williams and Laura Chrisman (New York: Columbia University Press, 1994), pp.70-71; Gayatri Spivak, *The Post-Colonial Critic: Interviews, Strategies, Dialogues*, ed. Sarah Harasym (New York and London: Routledge, 1990), pp.108-109.

❸Gayatri Spivak, *The Post-Colonial Critic: Interviews, Strategies, Dialogues*, ed. Sarah Harasym (New York and London: Routledge, 1990), p.71.

❹同註❸，頁一〇八。

❺同註❸，頁一〇九。

❻Gayatri Spivak "Can the Subaltern Speak?",
*Colonial Discourse and Post-colonial Theory:
A Reader*, p.84；此處的譯文參考了李翠芬、邱彥
彬節譯的同名文章，載《中外文學》第24卷， 第6
期。

❼同註❻，頁九三。

❽同註❻，頁一〇二。

❾同註❻，頁一〇三。

❿Gayatri Spivak, "Three Women's Texts ＋
Texts: A Critique of Imperialism," *Femi-
nisms: Gender and Literary Studies*, eds.
Diane Price Herndl and Robyn Warhol (New
Brunswick: Rutgers University Press, 1991), p.
801.

⓫同註❿，頁八〇二。

⓬同註❿，頁八〇三。

⓭同註❿，頁八〇四。

⓮同註❿，頁八〇八。

⓯同註❿，頁八〇九。

❶參見徐賁，《走向後現代與後殖民》，中國社會科
學出版社，1996，頁一○八。

❶Gayatri Spivak, Gayatri Spivak on the Poli-
tics of Subaltern, *Socialist Review*, vol.23, No.
3, 1990, p.94; 參見徐賁，《走向後現代與後殖
民》，頁一七四。

❶同註❶，頁八○七。

❶參見Michel Foucault, *The Order of Things*
(New York: Random House, 1970); *The
Archaeology of Knowledge*, A. M. Sheri-
dan Smity, trans. (New York: Pantheon,
1972);越一凡，「福科的話語理論」，《讀書》，生
活、讀書、新知三聯出版社，1994年第5期，頁一一
○至一一九；王岳川，《後現代主義文化研究》，
北京大學出版社，1995, 頁一五三。

❷徐賁，《走向後現代與後殖民》，p.175.

❷同註❶。

❷同註❸，頁一三八。

❷參見Gayatri Spivak, *The Spivak Reader*, Edi-
tor's Note, p.108.

㉔同註❸，頁九七。

㉕同註㉓，頁一二三至一二四。

㉖Ibid., p.124.

㉗同註❸，頁一一八。

㉘有關批評主體和「策略上的本質論」，徐賁在《走向後現代與後殖民》第四章中有較詳盡的論述。

結語
史碧娃克的多元立場
及其批評風格

　　史碧娃克自六○年代中後期開始涉足西
方文化批評理論界以來，始終以大學教授和
批評家特有的敏銳和進取精神，躋身於文化
批評理論的最前鋒。七○年代中期，她以翻
譯解構主義的代表人物德希達的代表作《論
書寫學》而一舉成為北美學術界解構主義理
論的權威闡釋者和批評家，七○年代後期，
當女權主義批評的高潮在歐美再度掀起之
時，她又以她獨特的馬克思主義、解構主義
的批判立場，成為獨樹一幟的女權主義批評
家，自八○年代中後期以來，她將批判的鋒
芒更多地轉向以抨擊殖民主義文化政治和削
弱帝國主義文化霸權為批判特徵的後殖民主
義批評。

　　儘管她的理論體系駁雜多變，論述話語
中時常隱含著矛盾和艱澀，她的批評理論建
樹並非深不可測，無章可尋。反覆閱讀其論
文著述，讀者還是可以整理出一條清晰的理
論軌跡，正如《史碧娃克讀本》的編者所概
括的，史碧娃克的理論軌跡和批評思路是

「從對解構主義理論的深刻的女權主義考察
到資本和國際勞動分工的馬克思主義批判，
再到帝國主義和殖民話語的批判，再到……
種族的批判」，❶這條思想軌跡一方面向我
們展示了史碧娃克所採取的多元的批評立場
和理論視角，另一方面又向我們呈現出史碧
娃克慣用的幾種批判話語同時選出，互相干
擾，互相批判的批評風格。在我們緊追猛趕，
企圖努力追上她跳躍的、變幻多端的思路的
同時，我們會深深感到她批評話語中時常滲
透出來的強烈的對抗性和衝擊力。

　　有評論家認為，史碧娃克理論架構的特
徵就是她的立場的多元性和理論觀點的不確
定性，❷為此，史碧娃克曾遭到來自各方的
批評。我們或許可以說，這種不確定性恰恰
反映了史碧娃克在身分和認知問題上的脆
弱，她的印度國籍和美國永久居民的身分，
使她既不能全身心地擁抱自己的祖國這一殖
民主義的人為建構物，又不能心悅誠服地認
同於具有強烈宗主國色彩、與西方文化傳統

極具親和力的美國。這種兩難處境以及由此
帶來的此一民族身分危機感，使她經常將自
我放逐在這兩種不同的主流文化的邊緣或夾
縫之間，而與此同時又因為不甘心這種尷尬
地位而奮起抗爭。也許正是這種立場的多元
性為她的理論建樹灌輸了活力，並且使她有
可能隨時根據論戰的需要，像變色龍或走鋼
絲的雜技演員一樣，採取一個或一個以上的
立場。由於這些立場或理論並非完全兼容一
致，它們的話語架構也互相差異，甚至互相
矛盾，將它們用在一起，除了論戰的需要外，
還有一個──在史碧娃克看來──獨特的目
的，即透過幾種理論話語的互相磨抵和互相
質疑來揭示這些理論話語，及其一切以權威
自居的宏大話語的疏漏和侷限，而史碧娃克
批評理論的獨特性和衝擊力正在於此。

　　解構主義理論無疑對史碧娃克理論思想
的形成產生了深遠的影響，她的批評風格亦
大大地受惠於解構主義的核心觀點和基本策
略。她說：「解構主義最了不起的饋贈就

是：對所探討的主體進行質疑，但同時又不
將其擊垮，並且堅持不懈地將不可能的條件
轉變爲可能的條件。」❸解構的目的是要使
各種因素和力量，無論是中心的還是邊緣的
都帶有一種「擦抹」後的模糊，它們既互相
干擾又互相依存，進而達到無中心、無權威
和無限多元的共生狀態，解構主義的這一思
維方式和批評策略對史碧娃克的批評風格的
形成和發展所產生的影響無疑是巨大的，正
如解構主義無法超越形而上學，却又始終對
形而上學的圈套保持著清醒的批判意識一
樣，史碧娃克對自己的多元批評立場，及其
在批評中對西方宏大敍述的借用，始終保持
著一種批評家的自覺。她說：

　　我並不想爲後殖民知識分子對西方模
式的依賴性進行辯護：我要做的工作就是
要搞清楚我的學術困境。總而言之，我的
位置是活的。馬克思主義者認爲我太代碼
化了，女權主義者認爲我太與男性認同

了，本土理論家則認爲我太專注西方理論，我對此却感到高興。人們對某個人的看法可以使這個人更加警覺，但却不必自我辯護。❹

　　對大多數人來說，同時駕馭幾種批評話語，並對它們進行能動的策略的運用並非一件容易的事。但史碧娃克却似乎輕而易舉地做到了，而且每每得心應手，運作自如，這不但顯示出她深厚的理論功底，還反映了她自成一體、靈活多變的學術風格。在她看來，那些宏大的理論既可被用作批判的武器，也可以對之進行武器的批判。因此，她既提倡堅決地對抗，復又主張批判地協商(negotia-tion)與平等地對話，正是這種批判的堅定性、靈活性和變通性，使得史碧娃克這個來自第三世界的女性知識分子，能夠以局內人／局外人(insider/outsider)的雙重身分，爲自己在第一世界的文化知識論壇上贏得了令世人刮目相看的一席之地，在此過程中，

她所表現的和將要表現的勇氣和才華確實是
不同尋常和耐人尋味的，她自己的經歷和成
就也就成為她所從事的各種文化政治批評的
最佳注解。

注釋

❶Gayatri Spivak, *The Spivak Reader*, eds. Donna Landry and Gerald Maclean (New York: Routledge, 1996), p.3.

❷參見王寧,「解構,女權主義和後殖民主義──斯皮瓦克的學術思想探幽」,北京大學學報,1998第1期,哲學社會科學版,頁一一○至一一八;Toril Moi: "Feminism, Postmodernism, and Style: Recent Feminist Criticism in the United States," *Cultural Critique*, Spring 1988, pp. 19-22.

❸同註❶,頁二一○。

❹Gayatri Spivak, *The Post-Colonial Critic: Interviews, Strategies, Dialogues*, ed. Sarah Harasym (New York and London: Routledge, 1990), p.69-70.

參考書目

英文

1. Beauvoir, Simond de. *The Second Sex*. trans. H. M. Parshley. New York: Vintage, 1974.

2. Bhabha, Homi, ed. *Nation and Narration*. London: Routledge, 1990.

3. ——. "Of Mimicry and Man: The Ambivalence of Colonial Discourse." *October* 28, 1984, pp.125-133.

4. ——. "Representation and the Colonial Text: A Critical Exploration of Some Forms of Mimeticism." *The Theory of Reading*. ed. Frank Gloversmith, Brighton: Harvester, 1984, pp.93-122.

5. Carton, and Gerald Graff. "Criticism Since 1940." *The Cambridge History of American Literature,* vol. 8, ed. Sacavan Bercovitch. New York: Cambridge University Press, 1996.

6. Chew, Rey. "Ethics after Idealism." *Diacritics* 23: 1 Spring 1993, pp.3-22.

7. Derrida, Jacques. *Of Grammatology,* trans. Gayatri Spivak. Baltimore: Johns Hopkins University Press, 1976.

8. ——. *Speech and Phenomena.* trans. David B. Allison. Evanston: Northwester University Press, 1973.

9. ——. *Writing and Difference.* trans. Alan Bass. Chicago: University of Chicago Press, 1978.

10. ——. *Positions,* trans. Alan Bass. Chicago: University of Chicago Press, 1981.

11. ——. "Structure, Sign and the Play in

the Discourse of Human Sciences",
The Language of Criticism and the Sciences of Man, ed. Richard Macksey
and Eugenio Donato. Baltimore: Johns
Hopkins University Press, 1970.

12.——. "Signature Event Context",
Glyph, Vol. 1, 1977, pp.172-197.

13.——. "Limited Inc.: abc...", *Glyph*, Vol.
2, 1977, pp.162-254.

14.Eagleton, Mary, ed. *Feminist Literary
Theory: A Reader*. Oxford: Basil Blackwell Ltd., 1986.

15.Eagleton, Terry. *Literary Theory: An
Introduction*. Minneapolis: University of
Minnesota Press, 1983.

16. Fanon, Frantz. *Black Skin, White
Masks*. trans. Charles Lam Markmann.
New York: Grove Weidenfeld, 1952.

17.——. *The Wretched of the Earth*. trans.
Constance Farrington. New York:

Grove Weidenfeld, 1991.

18. Foucault, Michel. *The Order of Things.* New York: Random House, 1970.

19.———. *The Archaeology of Knowledge.* trans. A. M. Sheridan Smith. New York: Pantheon, 1972.

20. Groden, Michael, and Martin Kreis-wirth, eds. *The Johns Hopkins University Guide to Literary Theory and Criticism.* Baltimore: Johns Hopkins University Press, 1994.

21. Herndl, Diane Price, and Robyn Warhol, eds. *Feminisms: Gender and Literary Studies.* New Brunswick: Rutgers University Press, 1991.

22. Lacan, Jasques. *The Language of the Self: the Function of Language in Psychoanalysis.* trans. Anthony Wilden. Baltimore: Johns Hopkins University

Press, 1968.

23.Landry, Donna, and Gerald Maclean. *Materialist Feminisms*. Oxford, UK and Cambridge, MA: Blackwell Publishers, 1994.

24.McClintock, Anne. *Imperial Leather*. New York: Routledge, 1995.

25.Michell, Juliet. *Psychoanalysis and Feminism*. New York: Random House, 1975.

26. Millett, Kate. *Sexual Politics*. New York: Doubleday , 1970.

27. Moi, Toril. *Sexual/Textual Politics: Feminist Literary Theory*. London and New York:Routledge, 1988.

28.——. *French Feminist Thought*. New York: Basil Blackwill, 1987.

29.——. "Feminism, Postmodernism, and Style: Recent Feminist Criticism in the United States." *Cultural Critique,*

Spring 1988, pp.3-22.

30. Said, Edward. *Orientalism*. New York: Vintage, 1979.

31. ——. *Culture and Imperialism,* New York: Knopf, 1993.

32. Showalter, Elaine, ed. *The New Feminist Criticism*. New York: Pantheon, 1985.

33. Spivak, Gayatri C. *The Post-Colonial Critic: Interviews, Strategies, Dialogues,* ed. Sarah Harasym. New York: and London: Routledge, 1990.

34. ——. *In Other Worlds: Essays in Critical Politics*. New York: Methuen, 1987.

35. ——. *Outside in the Teaching Machine*. New York: Routledge, 1993.

36. ——. *The Spivak Reader,* eds. Donna Landry and Gerald Maclean New York: Routledge, 1996.

37. ——. "Thinking Academic Freedom in

Gendered Post-Coloniality." Cape Town: University of Cape Town Press, 1992, pp. 1-33.

38.——. "Displacement and the Discourse of Women." *Displacement: Derrida and After.* ed. Mark "Krupnick. Bloomington:" University of Indiana Press, 1983, pp.169-195.

39.——. "Three Women's Texts: A Critique of Imperialism" , *Feminisms: Gender and Literary Studies.* eds. Diane Price Herndl and Robyn Warhol. New Brunswick: Rutgers Univeristy Press, 1991, pp.798-814.

40.——. "Asked to Talk About Myself.." *Third Text*, XIX Summer 1992, pp.9-18.

41.——. "Can the Subaltern Speak?" , *Colonial Discourse and Post-colonial Theory: A Reader.* eds. Patrick Williams and Laura Chrisman. New York:

Columbia University Press, 1994, pp.66-111.

42.——. "Lives." *Confessions of Critics,* ed. H. Aram Veeser. New York: Routledge, 1996, pp.205-219.

43.Spivak, Gayatri C., and Ranajit Guha eds. *Selected Subaltern Studies.* New York: Oxford University Press, 1988.

44.Tandeciarz, Silvia. "Reading Gayatri Spivak's 'French Feminism in an International Frame': A Problem for Theory" , *Genders* No. 10, Spring 1991, pp. 75-90.

45.Williams, Patrick, and Laura Chrisman eds. *Colonial Discourse and Postcolonial Theory: A Reader.* New York: Columbia University Press, 1994.

46.Young, Robert. *White Mythology: Writing, History and the West.* New York: Routledge, 1991.

中文

1.王逢振等編，《最新西方文論選》，漓江出版
社，1991。

2.王岳川著，《後現代主義文化研究》，北京大
學出版社，1995。

3.徐賁著，《走向後現代與後殖民》，中國社會
科學出版社，1996。

4.楊大春著，《德希達》，台灣生智出版社，
1995。

5.——.《文本的世界——從結構主義到後結構
主義》，中國社會科學出版社，1998。

6.張京媛主編，《當代女性主義文學批評》，北
京大學出版社，1992。

7.張隆溪著，《二十世紀西方文論述評》，生
活、讀書、新知三聯出版社，1986。

8.盛寧著，《二十世紀美國文論》，北京大學出
版社，1993。

9.——.《人文困惑與反思——西方後現代主義

思潮批判》生活、讀書、新知三聯出版社，

1997。

史碧娃克　　當代大師系列 14

作　　　者／曹莉

編輯委員／李英明、孟樊、陳學明、龍協濤、楊大春、曹
　　　　　順慶

出　版　者／生智文化事業有限公司

發　行　人／林新倫

執行編輯／于善祿

登　記　證／局版北市業字第 677 號

地　　　址／台北市新生南路三段 88 號 5 樓之 6

電　　　話／(02)2366-0309　2366-0313

傳　　　真／(02)2366-0310

網　　　址／http://www.ycrc.com.tw

✉ E-mail／book3@ycrc.com.tw

郵撥帳號／19735365　戶名：葉忠賢

印　　　刷／科樂印刷事業股份有限公司

法律顧問／北辰著作權事務所　蕭雄淋律師

 ISBN ／957-8637-64-0

初版一刷／1999 年 1 月

初版二刷／2003 年 2 月

定　　　價／新台幣 150 元

總　經　銷／揚智文化事業股份有限公司

地　　　址／台北市新生南路三段 88 號 5 樓之 6

電　　　話／(02)2366-0309　2366-0313

傳　　　真／(02)2366-0310

＊本書如有缺頁、破損、裝訂錯誤，請寄回更換＊

國家圖書館出版品預行編目資料

```
史碧娃克 = Gayatri C. Spivak /曹莉 著. --
初版. -- 台北市：生智, 1999 [民 88]
    面 ：  公分. -- （當代大師系列；14）
參考書目：面
ISBN  957-8637-64-0（平裝）


  1. 史碧娃克(Spivak, Gayatri Chakravorty)
- 學術思想 - 哲學

145.59                    87013647
```

當代大師系列　11

哈 伯 瑪 斯

Jürgen Habermas

　　當代德國開創性的哲學流派，分屬以弗萊堡大學為中心的「現象學運動」，以及法蘭克福大學為中心的「批判理論」，其中又以哈伯瑪斯最為活躍。他除了致力於開創自己的哲學主張外，也積極的吸收德國學界之外的各類思想。

　　哈伯瑪斯不遺餘力的介入種種的學術論戰，由其中形成自己的體系性思考，彷彿想經由這種方式去操練批判理論的題旨，並藉此考驗自己理論的適切性。

　　「溝通行動」可以說是哈伯瑪斯個人的哲學標誌，也可視為是二十世紀歐美哲學的總結。

作者：曾慶豹
定價：200元

當代大師系列　12

班　傑　明

Walter Benjamin

　　班傑明給人的印象總是如此的神秘莫測，多少人想要一探其思想的究竟皆未能成功；儘管如此，本書作者秉於學術的熱情與執著，仍大膽地從事這一學術歷險，從「寓言式批評理論」、「藝術生產理論」、「機械複製理論」、「反諷的烏托邦理論」四個面向來分析並總結其學術生涯發展的各個階段，為任何想要瞭解班傑明，但又苦於其著作艱澀的讀者，提供了最佳的指引。

作者：陳學明
定價：150 元